人生
设计思维手册

斯坦福创新方法论应用

THE DESIGN THINKING LIFE PLAYBOOK:
EMPOWER YOURSELF, EMBRACE CHANGE,
AND VISUALIZE A JOYFUL LIFE

[瑞士] 迈克尔·勒威克（MICHAEL LEWRICK）
[德] 让-保罗·托曼（JEAN-PAUL THOMMEN） 著
[美] 拉里·利弗（LARRY LEIFER）

[瑞士] 阿希姆·施密特（ACHIM SCHMIDT） 绘

苏菲　罗婧　译

清华大学出版社
北 京

北京市版权局著作权合同登记号 图字：01-2021-5182

Michael Lewrick, Jean-Paul Thommen, Larry Leifer, Achim Schmidt
The Design Thinking Life Playbook: Empower Yourself, Embrace Change, and Visualize a Joyful Life
EISBN: 9781119682240

Copyright © 2020 by John Wiley & Sons, Inc. All Rights Reserved.

Original language published by John Wiley & Sons, Inc. All Rights Reserved.
本书原版由 John Wiley & Sons, Inc. 出版。版权所有，盗印必究。

Tsinghua University Press is authorized by John Wiley & Sons, Inc. to publish and distribute exclusively this Simplified Chinese edition. This edition is authorized for sale in the People's Republic of China only (excluding Hong Kong, Macao SAR and Taiwan). Unauthorized export of this edition is a violation of the Copyright Act. No part of this publication may be reproduced or distributed by any means, or stored in a database or retrieval system, without the prior written permission of the publisher.

本中文简体字翻译版由 John Wiley & Sons, Inc. 授权清华大学出版社独家出版发行。此版本仅限在中华人民共和国境内（不包括中国香港、澳门特别行政区及中国台湾地区）销售。未经授权的本书出口将被视为违反版权法的行为。未经出版者预先书面许可，不得以任何方式复制或发行本书的任何部分。

本书封面贴有 Wiley 公司防伪标签，无标签者不得销售。

版权所有，侵权必究。举报：010-62782989，beiqinquan@tup.tsinghua.edu.cn。

图书在版编目(CIP)数据

人生设计思维手册：斯坦福创新方法论应用 /（瑞士）迈克尔·勒威克 (Michael Lewrick),（德）让-保罗·托曼 (Jean-Paul Thommen),（美）拉里·利弗 (Larry Leifer) 著；(瑞士) 阿希姆·施密特 (Achim Schmidt) 绘；苏菲，罗婧译. —北京：清华大学出版社，2022.6
（新时代·管理新思维）
书名原文：The Design Thinking Life Playbook: Empower Yourself, Embrace Change, and Visualize a Joyful Life
ISBN 978-7-302-59017-0

Ⅰ.①人… Ⅱ.①迈…②让…③拉…④阿…⑤苏…⑥罗… Ⅲ.①人生哲学—通俗读物 Ⅳ.① B821-49

中国版本图书馆 CIP 数据核字 (2021) 第 177150 号

责任编辑：刘　洋
封面设计：徐　超
版式设计：方加青
责任校对：王荣静
责任印制：刘海龙

出版发行：清华大学出版社
　　　　　网　　址：http://www.tup.com.cn，http://www.wqbook.com
　　　　　地　　址：北京清华大学学研大厦 A 座　　　邮　编：100084
　　　　　社 总 机：010-83470000　　　　　　　　　　邮　购：010-62786544
　　　　　投稿与读者服务：010-62776969，c-service@tup.tsinghua.edu.cn
　　　　　质 量 反 馈：010-62772015，zhiliang@tup.tsinghua.edu.cn
印 装 者：三河市铭诚印务有限公司
经　　销：全国新华书店
开　　本：178mm×255mm　　印　张：16　　字　数：217 千字
版　　次：2022 年 6 月第 1 版　　印　次：2022 年 6 月第 1 次印刷
定　　价：128.00 元

产品编号：089565-01

内容简介

我们该如何过上自己想要的生活？不是父母要求也不是社会鼓吹的单一成功人生，而是让您身心愉悦、幸福满足，属于自己的人生！这本书通过三个人生典型阶段——大学毕业、中年转型、退休重启案例，配合完整的人生设计工具，让您清晰地看到人生不同阶段的设计—实施—调整全貌。采他山之石以攻玉，纳百家之长以厚己。

本书分为两个核心部分：第一部分中作者将斯坦福著名的设计思维方法应用在人生设计场景上，将您的人生当作最重要的产品，以您这个最重要的客户为中心，洞察您的自我需求—设计不同的人生原型—测试、迭代（相信我，这是最神奇的部分），降低您的人生试错成本，设计属于您自己的人生！

第二部分深入具体的人生场景：它只占您生命总时长的10%～15%，却对您的人生影响至深！它就是"专业和职业生涯规划"。在设计思维基础上，作者引入了全球优秀的HBDI测评、职业黄金圈等工具，帮助您认知自我、挖掘技能和天赋，以更好地选择专业和职业，做出理性的抉择。最为奇妙的是，它为您的改变和启程提供了可视化路径。

这本书将让您明白人生是可以由您自己设计、掌控并实现的。它适合每一位寻求人生改变者，它将是陪伴您同行的良师挚友！

作者简介

迈克尔·勒威克博士是设计思维领域演讲者和教师，他也是国际畅销书《设计思维工具箱》和《设计思维手册》的作者，在书中他阐述了如何转变个人、团队和组织的思维模式。迈克尔博士是运用不同思维方式解决棘手问题的思潮引领者。他与职业院校、大学和企业紧密合作，关注人们在个人和组织变革中的自我效能感。他是国际公认的数字化、创新和变革管理领导者。

让-保罗·托曼博士在学生及管理者教练与发展方面有着多年经验。他在EBS欧洲商学院（威斯巴登）创立了一个教练项目，在过去十年里，数以千计的人完成了这个项目。他在德国出版的《教练》是这一领域最具代表性的著作之一。托曼博士在多所大学教授领导力、组织发展和商业伦理等课程，还为企业提供相关咨询服务。

拉里·利弗博士是具有全球影响力的设计思维先驱者之一。他向全世界推荐了设计思维，并指导众多公司、创新实践者和学生团队寻找新的市场机会。多年来，他发展出各种不同的设计思维技术和根据个人需求进行调整的人生设计思维。此外，他还是机械工程教授、斯坦福大学设计研究中心（CDR）和斯坦福大学哈索·普拉特纳设计思维研究项目创始负责人。

为什么我们要带您一起踏上这段旅程

因为同理心和自我效能感对您的未来发展至关重要。

因为您会在某一时刻对即将发生的事情有着强烈的好奇。

因为您要承担的最大最复杂的项目之一就是您的人生。

总之,因为您可以随时开始改变自己。

因为设计思维作为一种系统性的分析方法，将为您提供一套深入挖掘人生潜能的工具。

因为一个积极的心态能帮助您体验人生中更多的快乐时光。

因为切换看问题的视角将给您的人生带来改变。

因为能达到个人预期的人生就是快乐的人生。

因为您可以想象的人生将会更好地实现。

译者序

在变化的时代，用人生设计思维找到确定的自己。

麦肯锡在2017年发布的《失业与就业：自动化时代的劳动力转型》报告中预测：随着科技的进步，到2030年全球将有7500万至3.75亿人需要重新就业并学习新的技能。中国也将面临大规模的就业变迁。传统的职业规划已然不能满足大变迁时代的个体发展诉求。

那么，我们可以怎么办？

在翻译《人生设计思维手册》这本书时，我正面临着重要的职业变化——在创业12年之后，我决定将公司交给合伙人管理，从一线经营者转换到顾问身份，我被抛离了熟悉的日常工作！像每一位面临职业转型的人一样，我对这种全新的自由不知所措，一度陷入迷茫。这本书给了我很多解答，我一边翻译一边完成书中的练习。比如通过能量日志，寻找我的心流状态；结合情绪面的提问，了解他人对我的印象，找出核心优势；把大问题拆成一个个小问题，把整个人生拆成多个人生阶段，画出人生计划原型图。这个自我剖析的过程真的太棒了！我尤为喜欢书中提出设计三个不同版本的人生计划：继续当前职业赛道；设计一个新的职业计划；只做自己喜欢做的事情。当我画完这三张人生计划原型图时，我已经找到了答案！

除了丰富的练习，这本书更打动我的是人生设计思维倡导的理念：

- 我们正在经历一段旅程，结局如何远不如我们在这段旅行中的感受重要；
- 我们接受别人的建议，因为不同的想法和反馈能帮助我们将人生推向期望的方向；
- 我们保持好奇心，它使我们时刻准备着接纳新事物；
- 我们从不同的角度看待问题，这将给我们的人生带来有价值的改变。

固有思维很难打破，但世界却在不断变化着。中国从农业社会进化到工业社会再到数字社会，只用了短短几十年。工作的方式也在商业演化中被重新定义。我们从执行者转变为自我引领者，个体价值在数字时代将得到彻底的释放。每一位职场人都值得用人生设计思维重新设计并不断迭代自己的人生计划，实现持续成长，赢得属于自己的成功！

苏菲

BCC兴远创始人，笔加学堂CEO

序 言

伯尼·罗斯
- 机械工程教授
- 斯坦福大学哈索·普拉特纳设计学院（the d.school）联合创始人
- 《成就习惯》作者

我有幸教授设计课程已经超过 60 年了。起初，我主要教的是设计普通机器，后来又包括机器人设计。在此基础上，我的工作延展到培养学生的创造性思维及提高学生的个人效能。大约 15 年前，我作为斯坦福大学哈索·普拉特纳设计学院的创始人之一，开始将我的研究重心从设计转变为我们现在所说的设计思维。设计思维是将最初用于对物理对象进行设计的技术和思想应用于处理更广泛问题的一系列方法。

在斯坦福大学的哈索·普拉特纳设计学院里，设计思维最初偏向于为他人设计。人们认为，客观的局外人可能会带来被沉浸在自己问题中的人所忽视的见解。我们开发了一个咒语："不要为自己设计！"这让我产生了矛盾，因为那时我的很多教学都是通过运用与设计思维相同的原理让个人掌控自己的人生。

所以，当我开始写《成就习惯》一书时，我担心我的设计思维同事会指责我是异端。情况恰恰相反：将设计思维应用到自己身上是可以接受的。例如，IDEO(世界领先的设计思维咨询公司之一)的首席执行官蒂姆·布朗在《成就习惯》一书的封面上写道："将设计思维用在别人身上之前，先用在自己身上。您，还有这个世界，都会因此而变得更好。"更让我欣慰的是，无数读者的电子邮件告诉我，他们对自己给人生带来的积极变化是多么地感激。

在过去的几年里，设计思维的世界已经发生了变化，已经有其他书籍指导读者将设计思维应用到自己的人生中。这非常有意义，因为设计思维中最重要的原则之一就是以用户为中心。这意味着设计者要对用户有同理心，同理心意味着设计师试图通过"换位思考"来设计某件东西。所以，很明显，如果人们是为自己设计，他们已经站在了为之设计的人的立场。然而，这里也有一个危险，因为我们在自我评估时往往不那么客观。因此，重要的是，我们在人生设计中使用的解决问题方法，应包括在我们自欺欺人或看不清楚事情时警示我们的安全措施。我很高兴地注意到，《人生设计思维手册：斯坦福创新方法论应用》的作者意识到了这些潜在的陷阱，而且他们在提醒读者这方面做得很好。这是让这本书在设计思维领域受欢迎的原因之一。

在《人生设计思维手册：斯坦福创新方法论应用》中阐明的方法为那些寻求令他们的人生更充实并有勇气诚实地看待他们当前状况的人提供了工具。迈克尔·勒威克、让-保罗·托曼和拉里·利弗在这本书中引导读者学习的技巧和策略可以用于重新设计一个人的人生，包括一个人的活动和人际关系。对于所有想主动改变、有勇气思考、行动和利用人生机遇的人来说，完成这些练习是一次宝贵的经验。

—— 伯尼·罗斯

来自作者的欢迎语

在《人生设计思维手册》中,我们想介绍一些有助于启动改变的技巧和策略。当这些工具适应了特定情况,并且当我们身边的人也知道我们现在所处的"旅程"时,它们就会发挥较大的作用。这就是我们的朋友、家人和同事也应该手握《人生设计思维手册》,陪伴我们一起踏上这个旅程的原因。在应用人生设计思维时,我们将很快注意到变化与社会环境有很大关系,我们对"自我形象认知"与"他人对我们的看法"的持续探究是我们社会体系不可分割的组成部分。

如设计思维一样,人生设计思维流程是用来定位的,即让我们知道在人生设计思维(Design Thinking Life,DTL)周期中的位置。根据情境和不同的主题灵活应用是成功的关键。最后,效果和效益是至关重要的。

这本手册刻意摒弃了关于人生设计的科学论述,将焦点放在了应用。当然,将任何一种新知识(例如来自神经科学的)应用到个人人生中,并通过阅读专业文献来加深理解或者对所介绍的技术进行调整应用,都是非常可取的。

同样重要的是,我们必须在手册一开始就指出,某些话题极其复杂,请和其他人一起进行,因为情绪会阻止我们帮助自己。当我们注意到这些迹象时,很重要的一点是寻求专业指导——找一个合适的专家。专业教练不会咬人!

——迈克尔·勒威克,让-保罗·托曼和拉里·利弗

绪论

人生设计思维手册的框架是怎样的？

我们特意将此书分成了两个部分。

在本书的第一部分，我们将随同苏和约翰一起深入探讨他们对于改变的渴求。我们介绍了帮助您以自我效能感的方式进行行动的策略和技巧。代表性的问题有：

- 我喜欢什么？
- 是什么消耗了我的精力，我又该如何充电？
- 我可以自己发起哪些小的改变并进行实验？
- 我该如何实施这些改变？

第二部分论述人生中的重大决定和改变。重点将放到专业和职业规划上，因为我们发现从学生时代到退休，每隔一段时间我们都会面临这个问题。我们跟随着史蒂夫一起对他的职业规划进行提问。代表性的问题有：

- 我的技能和天赋是什么？
- 我可以在哪里应用这些技能和天赋？
- 我该如何发掘自己的兴趣以更好地选择专业、行业和职业？
- 我该如何在不同的选项中做出抉择？
- 我如何有准备地离开舒适区，开始改变？

使用本手册的最佳方式？

这本《人生设计思维手册》提供了多种策略和技巧来帮助我们开始改变。如果职业生涯话题对现阶段的您至关重要，那么建议您先学习此书的第一部分，再研读第二部分。

何时改变都不算晚！

文中提及的策略、技巧及例子只是辅助工具，应结合具体情况调整。

- 我们遵循人生设计思维提出的流程。
- 我们将按照说明并用我们的理解填补空白。
- 我们记录下我们的期待、刻画里程碑并评估我们的经验。
- 我们根据个人需求找到做出改变的方法。
- 实现自我效能感应该成为我们的工作座右铭。
- 我们花时间在这个旅程上，让我们更了解自己、尝试新事物且逐步接受改变。
- 我们将约翰、苏和史蒂夫的例子作为文中所提供工具的灵感来源和使用指引。

约翰、苏和史蒂夫是谁？

约翰、苏和史蒂夫同我一样。他们已经到了——就像我们可能已经到了——希望做出改变的人生阶段。这三个虚拟角色（又称主人公）在《人生设计思维手册》中的不同阶段，为他们人生中的新里程碑而努力，从而帮助我们练习本书中将要提及的工具。

约翰即将开始人生的新阶段。在服务领域取得成功之后，他将在55岁提前退休。他的孩子们已经各自离家打拼了。他现在终于能将时间用在他的爱好和让他激情澎湃的骑摩托车上了。

但是，这个人生阶段也有它的隐患：例如，他可能需要一些新的方式处理与妻子的关系。约翰积极寻求人生设计思维工具的帮助，重新设计自己人生的新阶段。

我们的第二位主人公是处于而立与不惑之间的苏。在学习和经历了国际市场营销工作之后,她意识到她的人生有缺憾。

苏想要一位人生伴侣。她也想念定居在瑞士的父母和兄弟姐妹。尽管她在中国香港的事业令人兴奋且富有挑战,但从长远来看却不足以令她满意。

史蒂夫处于职业生涯开端。他刚刚从斯坦福大学(Stanford University)毕业,取得商务信息系统学士学位,不确定要继续攻读硕士学位还是接受初创公司的工作。

虽然初创公司听起来非常令人兴奋,但史蒂夫完全没有工作经验。史蒂夫的榜样一直是他的哥哥亚历克斯。高中毕业后,亚历克斯与父母一起住在纽约州北部;他在获得学士学位后,随即获得了硕士学位。现在,他正在康奈尔大学攻读博士学位。他最大的梦想是在新加坡生活和工作,然而,史蒂夫发现这条路也非常乏味和漫长。

在本书的第二部分,我们将回到面对重大人生变化的史蒂夫和亚历克斯。稍后将在第二部分解释为什么会发生这种情况,以及为什么我们要从一些小的改变开始。

这三个人物是我们从企业、大学以及无数次辅导课程中运用人生设计思维工具的案例中，总结、虚构出来的结果。最终，这三个角色都做出了改变，并将他们的人生引向了新的方向。对他们来说，人生设计思维已经成为一个不断反思自我、提升自我效能感和改进人生计划的日常工作。人生设计思维已成为创造幸福美满人生的基石。

　　对于我们所有人来说，让人生充实的个性化设计越来越被重视，因为我们生活的世界越来越难定位，且要求我们高效。日益增长的复杂性和高性能需求难以抵挡，除了制定策略以最佳方式应对它们我们别无选择。现实是令人兴奋的，您可以根据自己的意愿编写自己的人生场景！

> "如果您的思维模式毫无偏见，那么它将接纳所有事物。'初学者总能天马行空，而专家却思路受限。'"
> ——铃木俊隆

什么是设计思维？

所谓设计思维，就是像设计师一样思考问题。这就是为什么从问题陈述到解决方案，我们持续采用设计思维的迭代法。在各种创新技术的支持下，产生尽可能多的，甚至是"疯狂"的想法，这种创造性的工作方式旨在激发我们的大脑。在我们寻求解决方案的"旅程"中，需要反复的想象力飞跃和将各种想法进行组合，这样我们最终就能找到满足人们需求的解决方案。在解决问题的过程中，需要较高的容错能力，尤其是在早期阶段。本书介绍的技巧和策略是达到目的的一种手段，您需要根据自己的情况调整所用工具。

设计思维模式的关键之一是摒弃偏见和假设。这意味着要对一个充满可能性的世界持开放态度，因为在"旅程"开始时，我们还不知道什么是可能的，什么是不可能的。

在介绍设计思维时，我们会设置一个具有一定需求的虚构角色，为他制定解决方案。在介绍人生设计思维书时，我们也会设置人物角色，但目的是展示虚拟人物如何解决问题。相应的解决方案仅是个人转变示例。请注意，它们不是您人生的解决方案样本或者作者对您的人生建议！

我们在人生设计思维书中所使用的设计思维过程和思维方式将在后面进行更详细的讨论。

学习设计思维模式意味着：

- 我们告别对"事物如何运作"的偏见。
- 我们暂时放下对未来的期望。
- 我们保持好奇心，以便深入了解事实和问题。
- 我们积极拥抱新的可能性。
- 我们将简化我们的问题。

如果您想进一步了解设计思维，请参考：

- 迈克尔·勒威克，帕特里克·林克和拉里·利弗的《设计思维手册》
- 迈克尔·勒威克，帕特里克·林克和拉里·利弗的《设计思维工具箱》

"回到未来"60分钟热身

想象着您可以与马蒂·麦克弗利和布朗博士一起完成电影《回到未来》三部曲中的时光旅行。您的时光机读数正好转动到十年后的今天。

时间目的地

日	月	年

1) 开始旅程!   **10分钟**

旅程开始了。在短暂的闪光和令人眼花缭乱的光芒中,您到达了您的未来。正如《回到未来》中展示的,时空连续体中有时会出现裂缝,并且您可能会被传送到未来的另一个位置。

画出您在各个时空裂缝中看到的景象。

不会画?

没关系,我们可以尝试一下下面这种速画技巧,或者设计您自己的风格。

未来即现在

2）回顾您穿梭时空连续体的旅程!

a）您未来人生的主要特点是什么? `5 分钟`

b）您周围的人是谁?
他们和今天的人相似还是不同? `5 分钟`

3）写一个未来的新闻标题! `10 分钟`

写出您人生故事的标题并用两句话开头。不能只描述情况,更要特别强调新闻性。

4）行动！

10 分钟

将关于您的未来之旅告诉您的朋友、家人或者社交圈子中的某个人。

向第三者展示您对未来的期许，并询问他的想法。

5）创建一个时间轴！

10 分钟

思考并制订一个从今天开始的四阶段行动计划，它将能引导您在十年内实现自己的愿景。
在时间轴上绘制出来。

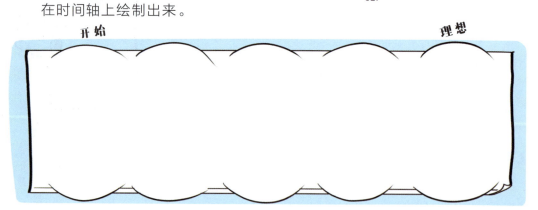

6）框架条件！　　　　5分钟　　

考虑需要改变的三个状态，以便您解决第一阶段的问题。

7）现在投资十五分钟！　　　15分钟

做一些可以引发改变的事情。例如，您可以在想象自己未来轮廓时，整理一个待办事项清单或浏览网页查找有关您想做的事情，又或者只是做一场白日梦。

> 这些行动中有些将助力我们取得成功，有些则不会起到任何作用。但是每一次改变都会带来积极的影响。从废弃的人生规划中学习经验并设计您的未来！

XXI

目录

第一部分　人生设计思维模式应用

反思、接受和理解　　　　　　　　　　　　　　18

坚持写能量日志　　　　　　　　　　　　　　32

整合他人对我们的观察和看法　　　　　　　　64

定义视角　　　　　　　　　　　　　　　　　74

发掘并选择点子　　　　　　　　　　　　　　86

设计、测试以及实施人生计划　　　　　　　　122

自我检查　　　　　　　　　　　　　　　　　154

第二部分　专业和职业规划

职业路径设计　　　　　　　　　　　　　　　190

评估、测试及实施选项　　　　　　　　　　　202

关于选项的反思问题清单　　　　　　　　　　220

最后但也是最重要的是——旅程的结束才是真正的开始　　224

第一部分

人生设计思维模式应用

在"回到未来"的热身练习中,我们已经在脑海里绘制出了对未来可能的构想。但是"人生设计思维"的意义远不止于此:重要的是,我们想要更少的压力、更多的幸福和更大的满足感。我们谁不想这样呢?许多人对他们当前的人生不满意:或关乎工作,或因人际关系,或有关个人经济状况。我们有足够的理由去改变现状,并且让自己变得积极主动吗?如果不是现在改变,那又该是什么时候?"人生设计思维"的思维模式将帮助您有意识地设计自己的未来。

哪种思维模式能帮助我们开始改变？

设计思维模式积极主动地引发了正面转型和变迁。现在是时候将这种思维模式应用于人生设计上了！

要改变我们的人生，我们需要一些勇气、自省的能力、自我批评的动力，以及改变的意愿。人生设计思维的思维模式为我们提供了帮助发展和改善人生的技术。这些技术包括探索我们的内在需求、挖掘新想法以及在每一次试图改变之前尝试新事物的意愿。

> 设计思维模式的特点是好奇心、开放性、协作性以及进行真实的实验。

人生设计思维模式

要知道我们正在经历一段旅行。
结局如何远不如我们在这段旅行中的感受重要。

我们接受别人的帮助。
个人的进步是多个因素共同起作用的结果,新的创意、见解和反馈能帮助我们将人生向我们所希望的方向改变。

我们充满好奇。
好奇心使我们的大脑时刻准备着去接受新事物。

我们尝试新事物。
实验有助于检验我们的假设和猜想。

我们从不同的角度看待问题。
用新的视角看事情才能为新的解决方案提供空间。

在"人生设计思维"中,我们将经历以下阶段:理解、观察、定义视角、构思、原型和测试。

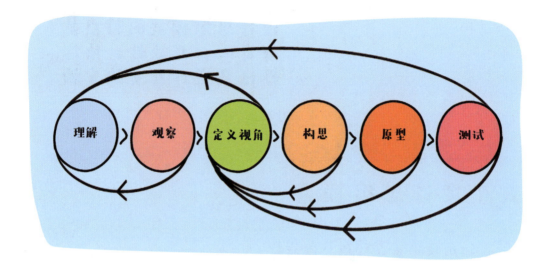

我们将在《人生设计思维手册》一书中频繁使用此流程,以便我们始终了解自己所处的阶段。

一开始,并不知道通向改变的理想路径,改变往往在许多小的、反复的迭代中发生。

设计思维的基础方法是将人们的需求和价值观置于我们考虑的中心。我们必须完成任务(待完成的工作),经历使我们特别高兴的事情(收获),并熬过挫折(痛点)。这是人们关注的核心要素;这就是为什么设计思维常常被称为以人为本的设计。因此,我们试图深入洞察人的需求,就"人生设计思维"而言,这意味着对自我的深入审视。它主要是靠自省和来自社交环境的他省。

现在是开始做这件事的最佳时刻，因为此时此刻，改变的动机已经存在——我们正在接触"人生设计思维"这个话题，想拥有一个让我们感到充实满足、更好的未来。我们想从别的角度阐明我们的问题，并且对它们作出与以往不同的应对。我们有勇气积极思考和行动，抓住机会。

设计思维期望以轻松且有创造性的方式解决复杂问题——除了我们的人生，还有哪里存在如此之多的复杂问题呢？

在盘点时，我们会汇总问题但不进行评价。

1）您想对哪个方面作出改变？例如，休闲时间、人际关系、职业生涯？

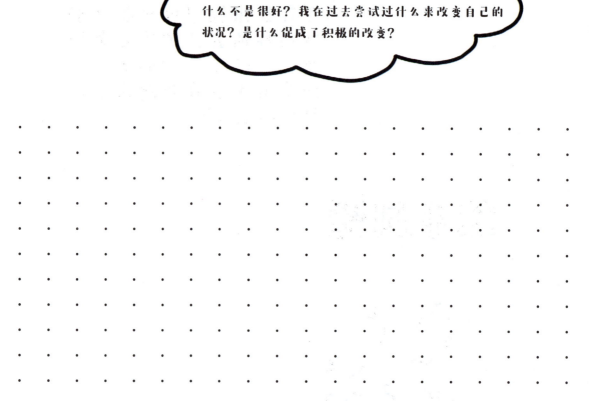

我们自问：我是谁？我喜欢什么？什么做得很好，什么不是很好？我在过去尝试过什么来改变自己的状况？是什么促成了积极的改变？

另外，我们记下了我们拥有哪些技能和才华，也就是，令我们与众不同的能力。也许我们特别擅长倾听，或者我们喜欢与数字打交道。

例如，顶尖运动员在特定项目上有明显优势。铅球运动员有能力和力量将一个沉重的铁球扔得很远。她的"胜任力圈"是投掷。因此，她不会去参加并赢得一场马拉松比赛。

无论我们是否将"人生设计思维"应用于我们的职业生涯、健康状况和人际关系，了解我们可以做好什么事情以及我们的天赋和才华都是非常有价值的。

在第二次回顾中，我们要写下我们做得非常好的事情。

2）什么是您做得特别出色的？您的才能在哪？您喜欢什么？

> 虽然我们不能控制人生，但我们可以改变看待自己的方式！

顶尖运动员还运用了另一个人生设计思维非常有价值的理念,除了自我反省外,他们还将运动表现在脑海中可视化。因此,在本书中,我们会鼓励您在脑海中反复

"您能想象到的一切都是真实的。"
——巴勃罗·毕加索

将未来场景可视化。这种可视化将帮助我们实现改变的愿望。在斯坦福大学,这句话被铭记:

"预见即所得。"

如果我们是职业运动员,我们可以想象自己在获胜者的领奖台上。

运用"人生设计思维"产出的是，一个关于我们未来的预期以及有助于实现预期的想法。

在这一点上，我们想向您展示一个小技巧，这样您将真正满意在最后取得的成果。我们知道这种感觉：我们有实现目标的坚定愿望，最后我们离目标差了一步，所以我们很不满意——尽管我们个人成绩已足够成功。当我们在一项体育赛事中仅获得第二名或在竞争团队领导席位以毫厘之差落败时，我们经常可以观察到这种现象。通常，我们倾向于给自己一个更高的自我定位并进行比较，这可以激励我们变得更好。但是我们依旧会感到沮丧，因为我们目前的能力有局限性，我们只能在一定范围内影响它。

提升我们动力的一种合适策略是：根据以往的成绩降低对自己的定位，并将自己与那些取得更少成就的人进行比较。以运动为例，第二名可能是我们本赛季最好的成绩。这种策略也可以用于我们期望的职业变动上："在团队领导席位的竞争中，您可能已经可以与内外部竞争者相抗衡，并且已经非常接近成功了。"您会发现这种心态让您感觉好多了，这种心态对我们很有帮助，尤其是在分数、排名、畅销书排行榜或理想的职业目标方面。

在简要介绍了"人生设计思维"并进行了初步盘点之后,我们开始设计我们主人公的未来。在每个练习开始时,苏、约翰和史蒂夫都会向我们介绍他们的人生以及他们遇到的挑战、想法和解决方案,这样我们就可以在没有进一步帮助的情况下应用这些工具。

苏是谁?

苏,35岁
- 市场部经理
- 国际职业生涯
- 未婚未育
- 出生于罗马尼亚,瑞士长大

人生收获:
- 定居在中国香港
- 经济独立

人生痛点:
- 挂念在欧洲的家人并期待拥有一段稳定的感情
- 害怕公众演讲

待完成的工作:
- 调整生活的重心以开启人生新篇章

从旁观者的角度看,苏珊娜或苏(她的昵称)拥有完美的生活。她在中国香港拥有一份很好的银行工作,而且由于签订协议成为外派员工,她拥有很不错的薪水。尽管如此,她对人生的某些方面依旧有所不满。这就是她希望借助人生设计思维工具来改变自己人生的原因。

苏在简朴的环境中长大。她的父母没有机会上高中，更不用说上大学了。苏有着极大的野心和坚定的意志，最终成为家族里第一代大学生。30年前，苏的父母从罗马尼亚来到瑞士，从事餐饮业的季节性临时工。她们家有德语基础，然而，瑞士的文化和生活方式与苏在她出生头几年居住的喀尔巴阡山脉小村庄截然不同。

苏很有野心。她是一个勤奋的学生，高中毕业时是班上最优秀的学生之一。经过长时间的讨论，父母允许她去上大学。苏再次以优异的成绩毕业，尽管她必须靠无数的兼职来维持自己的学业。在大学毕业后，初入职场的苏并非一帆风顺。她到处投简历，却总在最后功亏一篑。

因此，苏别无选择，只能在结束实习后接受一份代替产假员工的临时职位。在职期间，苏在公司建立起稳固的人脉，并依靠出色的工作能力赢得上司青睐，从而获得市场部正式职位。在工作几年并完成许多内部培训项目后，她的巨大机遇悄然而至。苏得到了中国香港的管理层职位。

对于苏来说，这是职业生涯的一次重大飞跃。从那时起，她有幸在中国香港经历了五年充满挑战的岁月，并越来越意识到自己想念欧洲和家人。而且，苏仍然单身。尽管她直率的态度让她能结识很多男士，但迄今为止还没有和谁建立起长久关系。现在，35岁的她意识到想改变自己的人生。通过审视自我，她试图弄清楚自己的人生追求。

苏的自我审视——她的人生重心在哪里？

通过自我审视，她越来越清楚地意识到：她对伴侣的渴望、对职业变化的期许以及回到欧洲的意愿是人生的重中之重。

现在是时候找出并确定进一步提升的方向了：是在职业、休闲，还是在我们的人生方式上改变——可能性是多种多样的。在第 6 页对盘点的介绍中，我们已经整理了要点。现在，我们将对它们进行分析评估，并将它们彼此联系起来，以便确定我们最渴望改变的领域。

可能的行动领域包括人际关系、休闲时间、工作和健康。我们将从第 160 页开始讨论更多的策略和技巧，以应对职业生涯和职业规划方面更大的转变。

我们以实事求是的态度审视我们目前的人生状态，开始我们的旅程：

自我审视：您的人生重心在哪儿？

	😠	🙁	🙂	😍	😃
人际关系					
休闲时间					
工作					
健康					
…………					

我们可以定义与我们的人生规划相关的其他类别或子类别。也许因为我们的个人愿望与伴侣的愿望并不兼容，让我们与伴侣的关系处于危机之中。在这种情况下，我们将重点更多地放在伴侣关系话题上，并将注意力集中在诸如休闲、两性关系、生育计划、沟通和忠诚等特定主题上。

根据我们对苏的了解，她一定会攻克关系问题。除了工作以外，没有长期伴侣的事实是她最大的压力源。

您脑海里有任何特别想作出积极改变的事情吗？

如果愿意，您可以将这些子类别再次相互关联，或将矩阵用于其他类别：

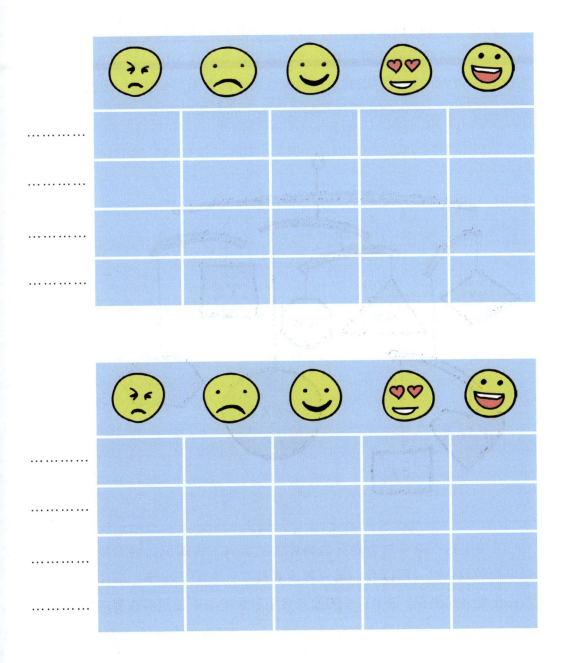

所有事情是如何联系起来的

从前一阶段的自我审视中，我们可以得出我们想要改变的主题和观点。例如，苏希望改变关系和职业。通常会有一两个子领域是我们想有所改变的。然而，我们可以假设这些人生领域都是相互关联的。想象一下，就像您的手机，一切都在系统中融合、各个元素相互影响。

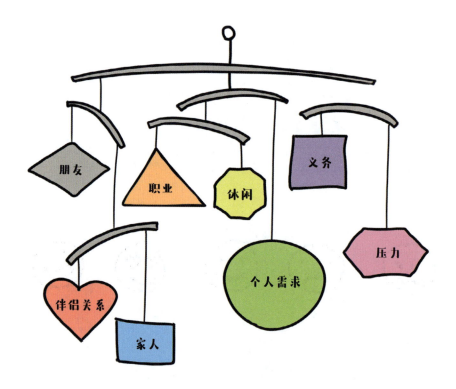

工作中的不满常常会转化为身体上的疾病，例如压力会导致头痛，也可能导致失眠。所以我们首先要改变现在人生的一小步，这样才有精力去作更大的改变。通常，小的改变会引起大的改变或指明改变的方向。

如何知晓我们想要什么？

在设计思维中，我们使用移情图和深度访谈来更多地了解一个人。在"人生设计思维"中，我们必须更进一步，通过自我观察，培养将正念引导到自己身上并获得新见解的能力。为了能建立这个过程的鸟瞰图（组合全貌），我们要了解人生中什么是我们喜欢的，哪些情况和经历使我们不开心。这种类型的思考有助于我们识别可能导致系统失衡的干扰因素和不利动态。

基于这个原因，我们将最初定义的设计思维过程扩展两个阶段：接受和自我反思。现在我们一共有八个阶段，可提供信息说明我们在"人生设计思维周期"中目前的具体位置。我们将这八个阶段整合为人生设计思维手册的一个色条，这样我们就始终知道我们在这个过程中的位置。

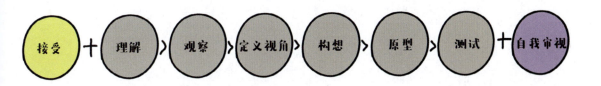

在人生设计思维此书的开头，我们进行了盘点并经历自我审视的初始阶段。

您问了以下问题：我现在处于人生的哪个阶段？我喜欢什么？我想改变什么？

自我审视是一个持续的过程，因此我们在设计周期的结尾和开头时都经过此阶段。这过程能支持持续发展。

17

反思、接受和理解

第一个练习的目的旨在让我们更多地了解自己。我们要了解哪些问题可以解决、我们是谁、我们做了什么，以及我们积累了什么经验。我们从这些回答中将得出的独特洞见。不管怎样，它们帮助我们更好地了解自己和自己的人生。因此，重构是一个重要工具，它让我们打破现有的思维定式。

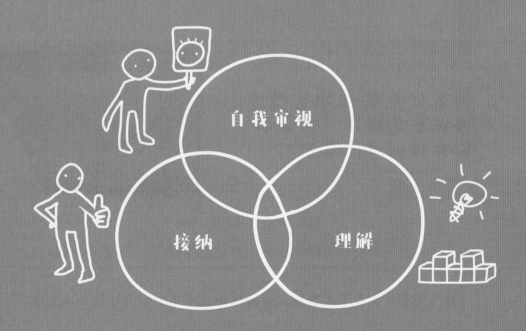

区分"事实"与"可解决的问题"

为什么我们在人生设计思维流程中整合了"接受"阶段并以此为起点——这不难理解：现实中总存在着我们不能改变的事实；因此，我们必须接受它们或从不同的角度看待它们—即进行所谓的重构——这样我们才能以不同的方式看待这些主观问题。

也许不得不交税或医疗保险太贵，或者不喜欢支付赡养费这些事令我们恼火，所有这些事情都是令人烦恼的，但是在它们上面花费精力是没有用的，因为我们无法改变它们。所以，我们要专注于可解决的问题。

如果它不能被切实改变，那就不是问题，而是我们必须面对的事实。

为了更好地处理这些情况（不可解决的问题），我们问自己：

这与我有什么关系？为什么必须缴纳这么高的税金让我如此紧张？

最终，我们意识到我们做不了什么，税收是常规准则的一部分；想明白了这些，我们就知道如何采取行动了。

如果您到现在还不能区分事实和可解决的问题,您应该列一份清单,以便对困扰您的事情更好地进行分类。这样,可以迅速将可解决的问题与事实分开。

什么使您烦恼?

事实	可解决的问题
✗	✗

> 责任意味着接受我们自己——我们每个人既是问题的根源,又是解决方案。

什么是重构？

"重构"意味着将一些东西放入一个新的框架里进行重新诠释。关键是要在一个不同于第一次出现在脑海中的新环境里看待事件、现象甚至信息。例如，在设计思维中，我们使用重构将问题重新诠释为机会/或市场机会。

我们可能都知道一杯水的例子。杯子是"半满"还是"半空"？两种说法在客观角度上都是正确的，但是从主观上来说，认为是"半满"的人生要美好得多。相比之下，"半空的杯子"在我们的潜意识里留下了负面印记，强化了大脑中消极的一面。

乐观主义者总能看到阳光的一面，积极思考。悲观主义者总看到阴暗的一面，消极思考。两者都承担着他们思维方式的后果——积极的和消极的。

重构还可以帮助我们更好地处理上述无法改变的事实。例如，纳税：我们可以因高额税金而烦恼，也可以告诉自己，我们拥有非常好的高中和大学教育，现在我们正在赚钱并希望作出贡献，让整个国家系统维持在一个较高水平。

> "困扰我们的不是事情本身而是我们看待它们的方式。"
> ——爱比克泰德

在考虑如何用重构赋予我们更多活力前先解决一个问题，这也被称为10点挑战。

在不抬起笔的情况下，用四条直线连接以下十点。

（答案在下一页）

答案：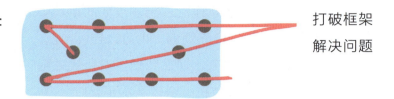 打破框架
解决问题

 重构练习

有什么情况会让您感到紧张吗？例如，苏害怕在一大群人面前演讲。您有类似的感觉吗？对所期望的改变或事实，想象一下您会如何调用积极的情绪，将威胁转化为机遇。为此，请应用此重构练习的三个问题。

情境：

1. 您为什么会有这种感觉？它是如何运作的？您可以如何重新诠释这种情绪？

例如，苏在演讲前有"怯场"的感觉。结果，苏准备得特别好。在演讲中，苏的脉搏加剧、皮肤发红，这表明她的身体已经准备好给予最大的能量。

2. 六个月后您会怎么想这件事？

苏很自豪地发表了如此专业的演讲。此后，她又两次被邀请就同一主题再次进行演讲。

3. 您能从您所害怕的情境中学到什么?

例如,苏从她的每个演讲中得到更多的自信。

通往自我效能感之路

解决问题的一个重要设计原则就是自我效能感,即相信自己有能力改变某些事情,而不是寄希望于巧合、运气甚至他人。

以下几页练习旨在增强我们的自我效能感。它是通过自我认知、自我对话、自我审视以及具体行动来实现的。

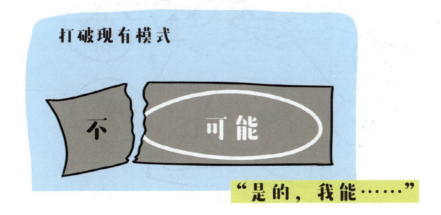

开始自我对话

另一个让我们更了解自己的工具是自我对话，以此开启心灵之旅。首先，放松，闭上眼睛，想象一个令我们特别开心的情境。例如，一次独一无二的火山之旅或徒步旅行，经过艰苦的攀登后看到了奇妙的景色。也可以是一些令我们格外欣喜的小事：周末喝杯卡布奇诺，坐在阳台上翻阅报纸。每一个释放快乐荷尔蒙和触发放松情绪的时刻都是非常好的想象场景。

在阳台上，我们感受到早晨的阳光，洒在肌肤上温暖宜人。放松的寂静里只有鸟儿在啁啾，这是春天的气息。细腻的巧克力粉带来的甜蜜触感中和了卡布奇诺的丝丝苦味。

所有触发情绪的情境都会被我们大脑更好地存储，并快速再现。

现在开始我们第一次的自我对话吧。闭上双眼，放松，想象一个开心的情景。接着，写下来当我们沉浸在这些想法时的感觉，包括身体的感觉。

积极经历的记录

您身体的反应如何？
这些想法在您身上触发了什么？
您在哪里感觉到的？

现在我们做相同的思想试验，但这次换成不开心的情景。然后，再次写下我们的经历、感受，包括身体上的感受。

这个练习可能令人不舒服，但我们还是建议尝试，因为除了积极情绪的探索，这种自我反省可以使您的个人预警系统变得敏感。引发负面情绪是生活中正常的一部分；在最好的状态下，我们反思这些经历才能从对它们妥协到最后真正接纳它们。

和前面的练习一样，写下我们对这些思绪有什么感想（情绪和身体感受）。

负面经历的记录

您有什么感受？
您的身体反应如何？
您在哪里感觉到的？

如我们前面所做练习中提及的,我们可以探索自身的警示系统和正面情绪,获得超越我们意志和情绪经验记忆的自我满足感。

情绪部分通过图像和感觉发出评价信号,我们的身体会有意识地感受到这些信号。这种反应发生的速度比我们对事物进行计算、理解和评估快四到五倍。

大脑在这个维度上评估经历:"嘿,这感觉不错——给我更多",与之对应的是:"这感觉糟透了——丢掉。"

为什么深入了解预警系统很重要

个人预警系统有助于我们在困难的情境下唤起积极的联想，让我们感觉良好。其次，此练习是为了帮助我们更了解自己作准备。

我们常听运动员说："我处在心流（状态）中。"对他们来说，最大限度地专注于某件事是基本功。米哈里·契克森米哈赖将"心流"描述为完全沉浸的状态，也就是一种让时间飞逝、积极沉醉的感觉。

时间飞逝

我们在工作、运动、创作音乐、冥想和写一本书时，都可能出现这种完全沉浸于一件事的状态，这是在挑战和自身能力之间找到的一种理想平衡。心流会产生大量正面能量，因为我们"活在当下"。

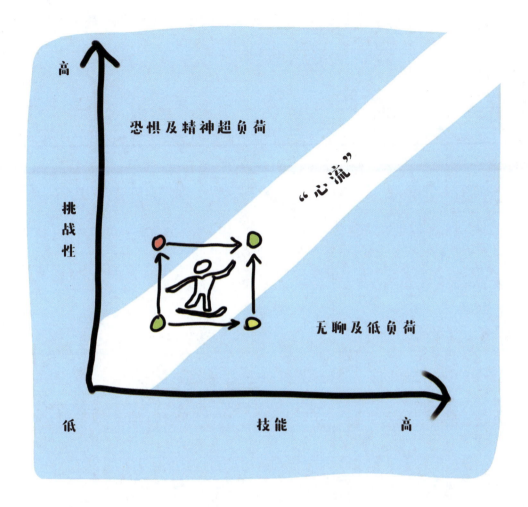

写一到两个星期的"能量日志"是了解自身平衡状态的有效手段。事实证明，为期两周的日志很有价值，因为它为我们提供了一个机会，让我们在第一周后对事件和活动进行反思。这让我们能够在第二周作出一些小的改变，对这些改变进行试验，看看是否会带来变化。

坚持写能量日志

我们都希望在短短几小时内重新设计我们的人生。然而，通常情况下，花更多的时间来弄清我们对改变的渴望是非常有意义的。因此，我们建议在接下来的一到两周内坚持每天记录一篇能量日志。在日志中，描述日常活动，感受身体的反应，并由此启动初始变化。

能量日志

能量日志上的笔记可以帮助我们观察自己，记录我们特别喜欢的事情，以及弄清楚哪些情况或活动会削弱我们的力量或者给予我们力量。

现在正是一个好时机：用本书接下来几页记录您往后几周的能量日志。我们建议您想象您的能量水平（例如0%到100%）；写下活动/情况（例如，工作中的团队会议）；记录情绪信号（例如胸部区域的压力）；描述您感觉到的任何情绪（例如恐惧/沮丧）和身体的任何反应（例如胃痛）。

这里最重要的是不断反思，例如，思考这个问题："如何将我的能量水平提高2%至3%？"能为您提供帮助的可能是一些小事情。例如，在午休时到户外散散步，或者听一首您最喜爱的歌曲。重要的是要知道放松和休息可以给您带来很多能量，因为您给自己"加上了油"。

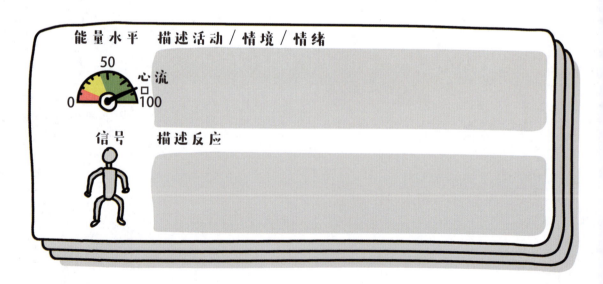

为了更好的了解如何使用能量日志，我们想跟您一起更近距离的了解虚构人物约翰。

约翰是谁？

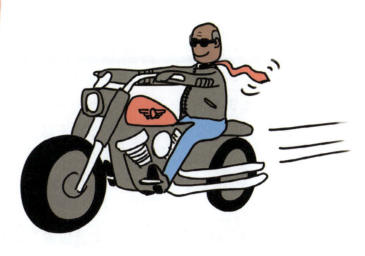

约翰，60岁
- 提前退休
- 已婚
- 孩子早已离家
- 现居住在田纳西州孟菲斯市

人生收获：
- 把足够的时间留给爱好

人生痛点：
- 陪伴妻子的时间非常少
- 对亲戚的期望很高

待完成的工作：
- 充分利用人生的新阶段，享受退休生活

约翰正步入他人生的一个新阶段。在过去的20年里，他一直在一家中型公司的销售团队工作，该公司在美国销售医疗实验室设备，业务分布从佛罗里达州一直到缅因州。由于经常出差，约翰很少在家，经常周五深夜从顾客那里回家。他的工作通常从周日就开始，这样才能保证在周一早上与顾客会面。他因此忽视了自己的爱好、家庭、妻子和孩子。在过去的20年里，约翰多次希望能经常回家，在家待上更长的时间。他也希望能多一些时间骑上他已经停在车库几个月的摩托车。

当他的上司给予他60岁提早退休的机会时，约翰毫不犹豫地接受了。

现在他提前退休了，面临着新的挑战。他偶尔会对这种全新的自由不知所措；他不习惯长时间与妻子相处；对一周中的许多活动感到不满。说得更具体些，现在他不得不参加一些以往一直逃避的活动；在退休之前，约翰会以工作繁忙或正在出差作为借口。

现在很难给不去看望亲戚找个好理由：约翰既没有人预约，也没有需要负责的工作。以往，约翰都是直接让他的妻子和孩子去探望，而他以出差为由推脱。目前的状况使他感到很紧张。此外，自从他经常在家之后，他和妻子之间的关系也越来越紧张了。他们经常吵架，这段时间以来，约翰感到他们的关系变得淡漠和无聊。有时他们连续几小时一言不发，因为他们俩对对方都无话可说。

约翰特别想通过"人生设计思维"来改善他与妻子的关系，并向积极的方向丰富他目前的人生。最近两天，约翰在他的能量日志上做了记录。

约翰的能量日志记录

日期：星期日

能量水平 心流
0 — 50 — 100

描述活动／情境／情绪
- 当地哈雷戴维森俱乐部的摩托车之旅。
- 沿着美丽的纳奇兹小道驱车前往纳什维尔，然后在杰克逊历史悠久的凯西琼斯村享用午餐。

晚上有些背疼

信号
喜悦
自由
感觉
再次年轻

描述反应
- 当我们沿着纳奇兹小道蜿蜒而行时，我感到像鸟儿一样自由。
- 在凯西琼斯村休息时，我们的摩托车得到许多路人的赞美。我刚洗过的哈雷在阳光下熠熠生辉。
- 我满足地回到家，尽管臀部有擦伤，背部也有丝丝缕缕的疼痛感。

日期：星期一

能量水平  描述活动／情境／情绪
- 拜访新奥尔巴尼的亲戚。
- 家人指责我在孩子们还在接受职业培训而且抵押房产的贷款还未还清时，就选择提前退休。
- 他们说我只关心骑摩托。

信号　挫败　恐慌　罪恶感　背痛　强烈

描述反应
- 我觉得自己就像个罪犯。我为整个周日都花在哈雷俱乐部而感到愧疚。
- 最终我感到糟糕极了。在争论中，我能感觉到我有多么紧绷。之后我的背更疼了。

在接下来的两周，约翰继续记录能量日志。在之后几天里，他计划与以前的同事见面，并向自己想加入的本地布鲁斯灵魂乐合唱团毛遂自荐。他注意到，早起一杯咖啡和听一听五六十年代的音乐能使他精力充沛。

对活动和情况的反馈

可视化活动/能量图

用一个非常好用且简单的工具分析我们的能量日志：在活动/能量图中将结果可视化。在您开始做笔记之前，我们想先介绍一下，以便您更容易看到和理解我们正在努力实现的目标。方法如下：一周后，您可以在时间轴上安排活动并进行评估。这是根据您在日志中记录的能量等级来完成的。

约翰的例子表明，他去见亲戚时耗费了很多精力（红色色块），而他在骑摩托车沿着纳奇兹小道蜿蜒而行欣赏着全景时，可能体验了心流状态（绿色色块）。

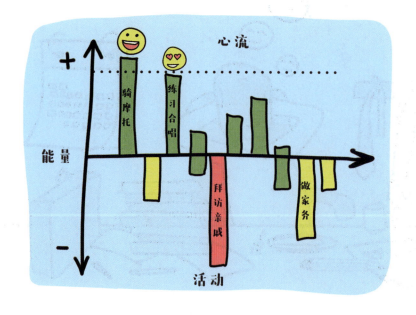

我们的大脑大概需要消耗人体 25% 的能量。因此，重要的是，要将这种能量用于积极的活动或用于适应那些我们能将之视为积极的活动。我们可以将我们不喜欢的活动委托给第三方，例如年度纳税申报表或家务活。

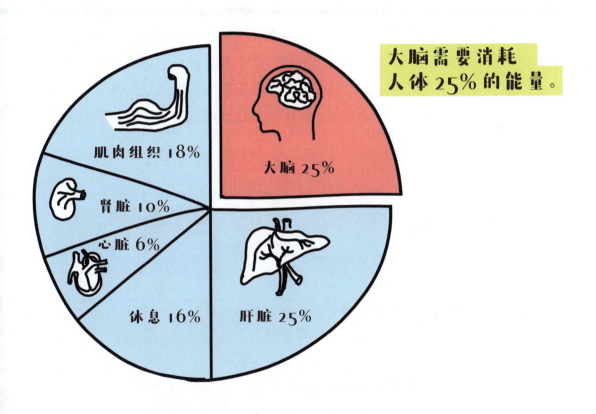

在使用能量日志之前，我们想要介绍另一个工具 AEIOU，在设计思维中用于观察，非常适合识别我们可以改变的元素和情况。例如，在您记录了一周能量日志后，它将是一个非常有用的反思工具。

AEIOU 工具

AEIOU 代表活动（Activity）、环境（Environment）、互动（Interaction）、对象（Objects）和用户（Users）。这意味着，如果我们感到不舒服，我们可以改变地点或缩短在那里停留的时间。就约翰而言，他可以选择与亲戚一起出游，而不是去家里拜访他们。或者，约翰可以请清洁工不时上门打扫，这样就不需要再做这项工作了。他还可以在自己不喜欢的活动前后，安排一些让他感到高兴的事情，例如，骑摩托车去见亲戚（= 奖励）。

AEIOU 问题表：

活动	■ 哪些活动有趣？ ■ 您的角色是什么？
环境	■ 您觉得哪里令您感到舒适？ ■ 在某些地方您感觉如何？
互动	■ 与他人的什么互动在增加？ ■ 您在和谁打交道？
对象	■ 您喜欢什么？ ■ 是什么定义了这种体验？
用户	■ 您愿意与谁一起共事？ ■ 哪些人会帮助您取得成功？

开始吧！

如果您不知道那是什么，就在能量日志里找到它，然后让它成为您人生的一部分。

接下来两周发生了什么？

下面几页为您提供足够的空间来记录和分析之后两周的能量水平。我们建议您一个星期后对活动进行反思，使用AEIOU作为辅助工具来创建第一个流程图，并在加入积极的改变活动后开始第二周。 在这两周之后，您可以再次分析前一周的活动，然后根据需要进行反思并再次调整活动。

通常，有两种类型的状态会对我们的幸福感产生积极影响。一种是喜悦，包括狂喜和已经提到过的心流活动。其次，放松、充足的睡眠、感恩和宁静的状态有助我们补充能量。

每天我们都需要进行一些喜欢的活动，让心灵歌唱。

个人能量日志——第一部分

您的个人能量日志——第一周

每天最好抽时间回顾一下您参与了哪些活动,还遇到了哪些状况。在仪表盘上将能量水平可视化,录入您的身体信号,并描述反应。每天使用一个、两个甚至多个模板。

日期:＿＿/＿＿/＿＿＿＿

能量水平

描述活动/情境/情绪

信号

描述反应

日期:＿＿/＿＿/＿＿＿＿

能量水平

描述活动/情境/情绪

信号

描述反应

日期：__ __ / __ __ / __ __ __ __

能量水平 描述活动／情境／情绪

信号 描述反应

日期：__ __ / __ __ / __ __ __ __

能量水平 描述活动／情境／情绪

信号 描述反应

日期：__ __ / __ __ / __ __ __ __

能量水平 描述活动／情境／情绪

信号 描述反应

日期：＿＿/＿＿/＿＿＿＿

能量水平 50 心流 0 100

描述活动／情境／情绪

信号

描述反应

日期：＿＿/＿＿/＿＿＿＿

能量水平 50 心流 0 100

描述活动／情境／情绪

信号

描述反应

日期：＿＿/＿＿/＿＿＿＿

能量水平 50 心流 0 100

描述活动／情境／情绪

信号

描述反应

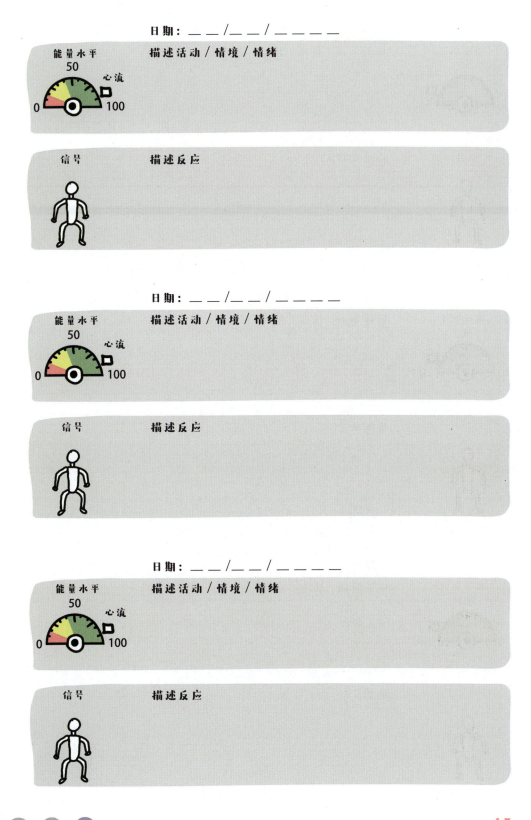

日期：＿＿／＿＿／＿＿＿＿

能量水平 描述活动／情境／情绪

信号 描述反应

日期：＿＿／＿＿／＿＿＿＿

能量水平 描述活动／情境／情绪

信号 描述反应

日期：＿＿／＿＿／＿＿＿＿

能量水平 描述活动／情境／情绪

信号 描述反应

第一次 AEIOU 反思

在您第一次整合时使用 AEIOU 问题

AEIOU 问题表：	
活动	■ 哪些活动有趣？ ■ 您的角色是什么？
环境	■ 您觉得哪里令您感到舒适？ ■ 在某些地方您感觉如何？
互动	■ 与他人的哪些互动在增加？ ■ 您在和谁打交道？
对象	■ 您喜欢什么？ ■ 是什么定义了这种体验？
用户	■ 您愿意与谁一起共事？ ■ 哪些人会帮助您取得成功？

阶段结果——一周过去了，您的情况如何？

根据过去七天笔记的详细记录，您可以评估一天、特定时间段（例如，周末）或整周的能量水平。我们插入了各种大小的图表，以便为可视化留有足够的空间。能量水平超过 95% 的活动，很有可能是心流活动，即我们完全沉浸其中而忘记时间的活动。但请不要忘记：即使是短暂的喜悦和放松，也可以触发、引导出很多积极的事情并释放能量。

将最重要事件可视化——您什么时候处于心流状态？

时间段：＿＿＿＿＿＿＿＿＿＿＿＿

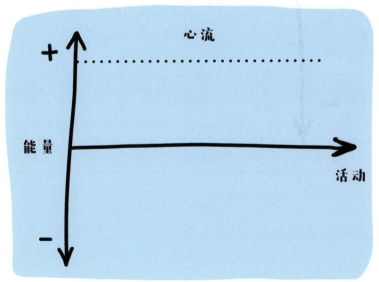

七天后的阶段结果

时间段：_____

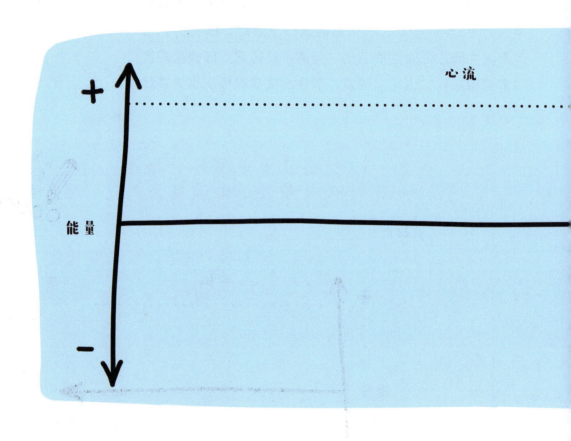

活动

第二周我们关注什么？

在第二周，您应该开始改变，增加那些之前给您提供很多能量的活动，重新安排那些消耗了许多能量的活动。很多事不能一夜改变；您能做的是让它们换个时间或地点进行（例如不要在家里见亲戚），或者通过将其与心流活动相关联来奖励自己（例如在这个事件发生前后骑摩托车）

有什么事是您可以马上改变的吗？

根据能量日志中的发现，写下您想改变什么。

个人能量日志——第二部分

您的个人能量日志——第二周

在您能量日志的第二部分，您应该再花一点时间每天回顾您参与的活动和经历，以及您的能量水平和身体信号。这样，您就可以初步洞察到您改变的幸福感，例如，当您在日常生活中重新安排了一些事情时。

日期：＿＿/＿＿/＿＿＿＿

 描述活动 / 情境 / 情绪

 描述反应

日期：＿＿/＿＿/＿＿＿＿

描述活动 / 情境 / 情绪

 描述反应

日期：＿ ＿ ／＿ ＿ ／＿ ＿ ＿ ＿

能量水平　描述活动／情境／情绪

信号　描述反应

日期：＿ ＿ ／＿ ＿ ／＿ ＿ ＿ ＿

能量水平　描述活动／情境／情绪

信号　描述反应

日期：＿ ＿ ／＿ ＿ ／＿ ＿ ＿ ＿

能量水平　描述活动／情境／情绪

信号　描述反应

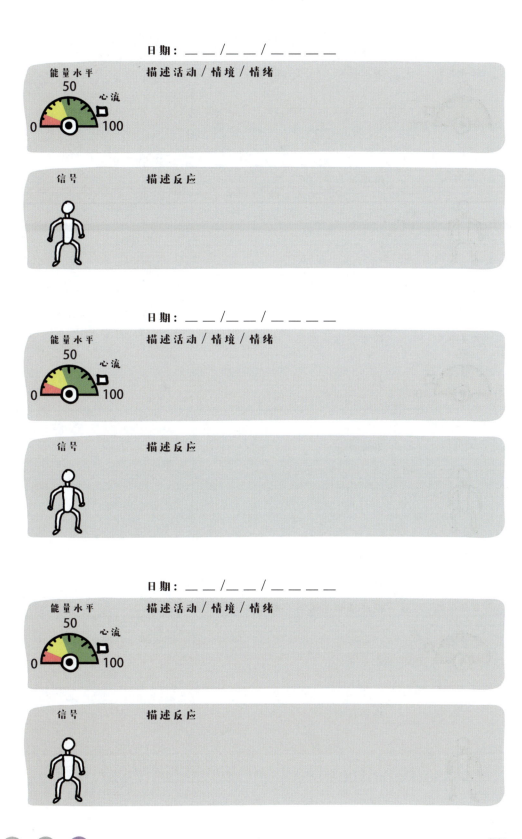

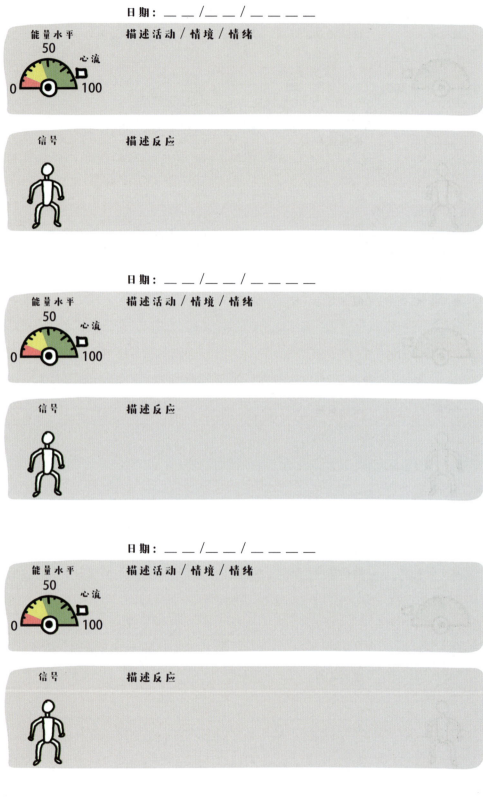

第二次 AEIOU 反思

在您进一步整合时使用 AEIOU 问题

AEIOU 问题表：	
活动	■ 哪些活动有趣？ ■ 您的角色是什么？
环境	■ 您觉得哪里令您感到舒适？ ■ 在某些地方您感觉如何？
互动	■ 与他人的哪些互动在增加？ ■ 您在和谁打交道？
对象	■ 您喜欢什么？ ■ 是什么定义了这种体验？
用户	■ 您愿意与谁一起共事？ ■ 哪些人会帮助您取得成功？

阶段结果——您在两周后的情况如何？

根据过去七天笔记的详细记录，您可以评估一天、特定时间段（例如周末）或整周的能量水平。我们插入了各种大小的图表，以便为可视化留有足够的空间。请记住：能量水平超过95%的活动，很有可能是心流活动，即我们完全沉浸其中而忘记时间的活动。

将最重要的事件可视化——您有任何新的经历吗？

时间段：＿＿＿＿＿＿＿＿＿＿＿

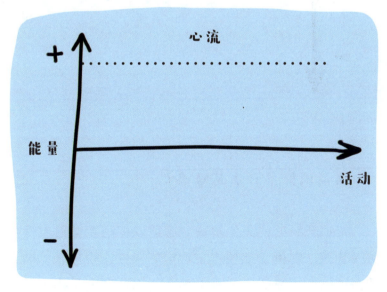

两周后的状态

时间段：_____

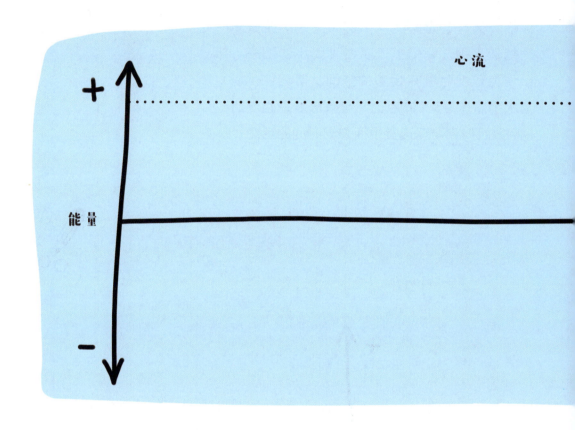

两周的能量日志足够吗？

根据您所处的人生阶段，您可以将写能量日志保持更长或（更短）时间。如果您发现您的人生比较复杂，需要一段更长的时间，我们建议您先继续这个练习并每周回顾。

活动

基于能量日志的因果图

如果您想更深入地研究您在能量日志中的发现,我们建议您使用鱼骨图(又名因果图、石川图)。您研究的影响可以是正面的,也可以是负面的。例如,约翰会从家庭和爱好角度探究是什么原因导致了他的失眠和背痛,以及哪些活动引发了心流。

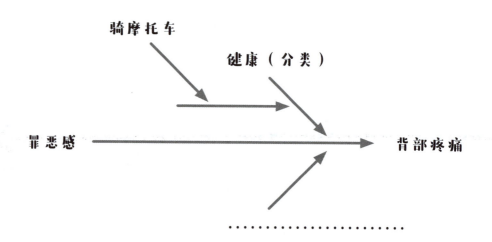

整合他人对我们的观察和看法

在自我审视和能量日志的帮助下，我们对自己有了更深入的了解。现在的问题是我们给别人留下了什么样的印象。与我们接触的人感知我们的言行，从而形成了对我们的看法。他人对我们的看法也是自我审视的重要组成部分，因为这些看法可以为我们提供关于自我发展的真实可能性、优势和方向信息。通过这种方式，我们还能获得关于改变动力和起点的重要见解。

在最初的几个星期后我们处于人生设计思维的什么阶段？

到目前为止，您主要是在和自己打交道。您发现接受事实、更多地了解自己，观察改变日常生活顺序的感受是很重要的。

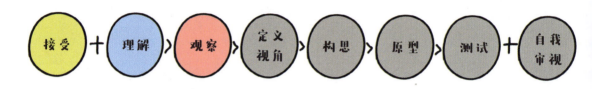

但既然我们生活在一个社会系统中，就不能忽视我们的环境；所以要将其纳入我们的考虑范围，以更好地理解我们在他人心中的印象。

在这个环节，我们想更进一步，用他人对我们的看法来丰富我们的自我形象。

互动与交流是人类的基本需求，使我们能够了解系统并最终更好地了解自己。借助 AEIOU 问题清单，我们已经将环境加入了考量。

您认为哪些互动是真正丰富的？您喜欢与谁一起做事？以及哪些人曾帮助您取得成功？

这些思考对于通过他人对您的看法补充您的自我形象至关重要。

我们的行为给人的印象真实可信吗？

在讨论自我形象和他人对我们的看法之前，我们应该停下来问问自己："我们的行为在多大程度上给人真实可信的印象，还是让人认为我们只是想在社会环境中赢得更好的声誉？特别是在社交媒体上，如推特、Instagram 和 Facebook（现已更名为 Meta），X、Y 和 Z 世代的成员通过点赞数、关注者数量和其他排名进行越来越激烈的竞争。这些排名对自我营销或产品营销很有用，但它们并不构成与其他人有价值的互动。我们经常在一个错误的场景中把自己变成演员。这样做的风险在于：即使我们在这个角色上感觉不好，仍会试图达到我们认为必须达到的标准。了解这一点的最简单方法是观察其他人或其他群体：他们在聚会、度假、泳池边和晚餐时自拍，而脸书上的图片总是显示"城里最酷的派对""最吸引人的朋友"或"最美丽的地方"，这并不奇怪。

不幸的是，这些时刻往往是排练好的，实际的互动是肤浅的。我们必须承认，与朋友进行真正的互动、共享晚餐或与您的伴侣在泳池旁放松的时光更为重要。因此，对当前的互动保持正念，避免对自己在社交媒体上的声誉产生焦虑，那很快会变成一种压力因素。此外，社交媒体上的"点赞"数并不能说明我们是谁或我们的真实感受如何。

为了更深入地挖掘和了解自己，我们将在接下来几页的"人生设计思维"反思中融入我们的自我印象和他人对我们的看法。如上所述，其他人对我们的看法取决于我们到底是什么样的人，而不是扮演伪装的人生角色。

有时候，事物本身不会改变，但是我们赋予它们的意义可能会发生改变。

自我认知 vs 他人印象

我们有自我形象和对自我的主观认知。在现实生活中，如果有机会问别人，我们给他们留下了什么印象，以及我们引发了他们什么样的触动（共情）是非常有价值的。通过这种方式，我们可以获得关于自己的反馈。

一种方法是先自我描述，并问问自己，别人如何看待我们的言行以及会触发他们什么样的情绪。我们也可以有意识地询问身边的人对我们的看法。

我们的朋友、同事和家人可以告诉我们，在某些情景下我们给他们留下了什么样的印象，我们个性的各个方面是如何被感受到的，以及我们的哪些行为触动了他们的情绪。

"智者从万事万物中学习，普通人从经验教训中学习，愚人自以为无所不知。"
——苏格拉底

最好针对我们要改变的特定情况使用此技巧。在苏的案例中，这个情况可能是寻找伴侣、改变职业或从中国香港回到欧洲。苏要分两步整理情况：首先，她以个人为整体来分析自己，即自我印象和他人对她的看法，然后提出人际关系中的问题（参见以下几页的示例）。

自我印象 VS 他人印象：苏

下面将苏的自我印象与朋友对她的看法进行比较。苏将最显著的差异和发现标注了出来。

自我印象
- 外向
- 积极的人生态度
- 充满创意
- 坚韧
- 跨文化
- 富有同情心
- 风趣幽默
- 有雄心壮志

他人印象
- 自信
- 勇敢
- 慷慨大方
- 要求高
- 活泼的
- 犹豫不决
- 没有耐心
- 自然

通常，我们不需要多长时间就能完成自我认知，因为我们对自己有明确的认知。当我们从他人的看法中收集观点时，需要更多的时间，请朋友、同事、家人、伴侣和周围的人为我们举起一面镜子。常常我们会有所发现（在这个案例中被强调的部分），这些发现很有价值。根据人生领域的不同，我们应该使用WH问题来了解更多。谁适合给我们反馈，取决于我们正在努力争取的改变（例如工作、休闲、伙伴关系、健康状况），因为我们在人生的不同领域扮演着不同的角色。

应用 WH 问题（疑问句）

关于 WH 问题的示例：我最后一次这样做是什么时候（When）？我周围的人感觉如何（How）？当我这样做的时候，您怎么看（What）？通常，这些问题的答案会为您的改变提供可能的方向。我们应该在最后标出其中最重要的。以下几页留出了进行比较和反思的空间。通过"自我认知 VS 他人对我们的印象"的对比，我们可以比较自己给不同人留下的印象，也可以挑选出特定的主题。例如，苏希望与好友再次讨论像是"有关人际关系和伴侣关系的话题"。

您对目前的情况有什么看法？
别人怎么看您的情况，他们怎么评论它？

人生设计思维

自我印象

他人印象 反馈

自我印象

他人印象 反馈

为笔记和新见解留出的空间

定义视角

通过各种类型的反思、能量日志以及"自我印象与他人看法的对比"，我们获得了对自己的新见解，且对个人信号和预警系统更加熟悉。至此，我们在改变人生方面已经迈出了重要的一步。根据这些发现，我们现在来定义视角。这一步对于后续阶段非常重要，在后续阶段中，我们专注为改变寻找点子。

定义视角

这意味着我们经过了理解和观察的阶段,在"人生设计思维"流程中又向前迈出了一步。我们明确地表达一个观点(Point of view—PoV)。在"人生设计思维"语境中,可以将 PoV 解释为一种有意义的、可实现的改变愿望:

下一步我想改变

_____(什么?/任务)

因为_____(需求/理由/积极情绪)。

接受 + 理解 > 观察 > 定义视角 > 构思 > 原型 > 测试 + 自我审视

在论述中,我们记录了最重要的发现。首先,我们应该理清自己的想法,并从自我对话、活动、自我认知以及他人对我们的看法中找出最重要的发现。

创建环境图

对于我们来说,先在定义和可视化框架条件的环境图中呈现我们的发现是很有效的。这样一来,在我们提出观点之前,就可以对具体的主题,例如,关系、工作、休闲和健康,进行结构化思考。

苏的人际关系环境图

例子

苏在环境图中填入了关于人际关系主题（"寻找对的另一半"）的一些发现。这些发现来自她之前进行的自我审视（理解和观察）练习。

- 伴侣的吸引力非常重要……究竟是什么吸引力？性感和社会地位很重要。

- 我要求很高……为什么会这样？因为我工作很努力并且取得了一些成就，所以我希望我的伴侣也能像我一样。

人际关系 寻找对的另一半

- 伴侣有相似或更高水平的教育背景对我很重要。这是为什么？因为我喜欢有深度的讨论。

- 我总是优柔寡断……为什么会这样呢？我总觉得我可能会发现更好的。

- 我是移民，因此接受我的文化和价值观对我很重要，融合也很重要，为了别人而放弃自我是不可能的。

创建您自己的环境图

　　创建环境图的方法有很多种。首先,需要您将关键要素放在事项的重点上,并将其写在页面的中间,以便加入进一步细分的分支。请您在创建观点之前,在接下来几页完成环境图的填写。

79

81

我们该如何制定视角？

最好将视角建立在可视化基础上。在我们的想象中，我们创造了一个理想未来的形象。我们将这个形象记录下来，用我们当前的触感和情绪描述它。此外，我们还可以想象在多变的未来生活里幸福的状态；这有助于激发其他情绪，以便记录、丰满我们创造的理想未来的形象。

例如：苏收到了许多朋友关于她寻找伴侣一事的反馈：在认识每个潜在伴侣（一种假设）的过程中过多地展露了自我，因此把那些男士吓跑了；而那时，苏尚未意识到这一点。她的朋友们想出了一个办法帮助她改善——一个小技巧，她应该试着变得更加神秘。

苏的视角

苏的视角如下：

"下一步，我希望在男士面前显得更加神秘，这样就不会在我们彼此认识的过程中吓跑他们了。"

约翰也通过这个步骤的反思,发现了自己想改变的东西。约翰的朋友提出(假设):如果他能在拜访亲戚时表现得开心一点儿,他的妻子可能会感受到更多的爱。

约翰的视角

"下一步,我想与我的妻子、亲戚一起做一些我们都可以享受的事情,因为对我来说,让妻子感受到我的爱是很重要的。"

现在轮到您制定视角了——基于您所有的发现和对未来的展望,用一句话尽可能最好的描述这种状态。我们用现在时态写出积极且简单的句子,"足够简单"很重要。我们将继续编辑修改句子,最终得到我们觉得最舒服的版本。

构建视角

当我们在"人生设计思维"中定义视角的时候,我们参照约翰和苏使用的模板。接下来,您应该构建一个您喜欢的版本。

版本 1
"下一步的改变:_____, 　　　　　　我(您的名字)想要 _____, 　　　　　　(任务) 因为_____。" 　　　(需求/理由/积极情绪)

当您再看一遍您的句子,您可能会思考:

- 您真的对这个声明满意吗?
- 当您带着这个想法行动时感觉如何?
- 具体什么让您感觉更好了?身体哪一个部位感受到了?
- 其他人如何感受到您的新使命?
- 您还想做些什么?有哪些产生了积极情绪的干扰因素?

在下面尝试为句子找到对应的评分。如果您的评分大多填在左侧,您应该努力去改善直到您有一个良好的感觉。

我们插入了多个模板来给改良版本留出余地。我们通常在第一和第二个版本中就可以找到我们想要的；有时只要稍加修改就能描述出让我们感觉良好的视角。

逐步改善视角

版本 2

"下一步的改变：＿＿＿＿＿＿＿＿＿＿＿＿＿＿＿＿＿＿＿＿＿＿＿＿＿，
　　　　　　我（您的名字）想要

＿＿＿＿＿＿＿＿＿＿＿＿＿＿＿＿＿＿＿＿＿＿＿＿＿＿＿＿＿＿＿＿，
　　　　　　（任务）

因为＿＿＿＿＿＿＿＿＿＿＿＿＿＿＿＿＿＿＿＿＿＿＿＿＿＿＿＿＿。"
　　　　　　（需求／理由／积极情绪）

版本 3

"下一步的改变：＿＿＿＿＿＿＿＿＿＿＿＿＿＿＿＿＿＿＿＿＿＿＿＿＿，
　　　　　　我（您的名字）想要

＿＿＿＿＿＿＿＿＿＿＿＿＿＿＿＿＿＿＿＿＿＿＿＿＿＿＿＿＿＿＿＿，
　　　　　　（任务）

因为＿＿＿＿＿＿＿＿＿＿＿＿＿＿＿＿＿＿＿＿＿＿＿＿＿＿＿＿＿。"
　　　　　　（需求／理由／积极情绪）

版本 4

"下一步的改变：＿＿＿＿＿＿＿＿＿＿＿＿＿＿＿＿＿＿＿＿＿＿＿＿＿，
　　　　　　我（您的名字）想要

＿＿＿＿＿＿＿＿＿＿＿＿＿＿＿＿＿＿＿＿＿＿＿＿＿＿＿＿＿＿＿＿，
　　　　　　（任务）

因为＿＿＿＿＿＿＿＿＿＿＿＿＿＿＿＿＿＿＿＿＿＿＿＿＿＿＿＿＿。"
　　　　　　（需求／理由／积极情绪）

发掘并选择点子

在人生设计思维中,我们期望开发出许多好的点子和可能性,来展示实现自我效能感的全部方法;只有这样,我们才能选择个别点子进行测试。在《人生设计思维手册》中,我们用头脑书写和类推这样有创意的技巧来获得新的点子。这些是探索新人生道路的有效方法。

我们该如何提出设想（发掘点子）？

经过理解和观察阶段并定义视角后，是时候用明确的点子来丰富我们的行动。从 84/85 页的定义视角出发，我们积极寻找创意点子和初步尝试解决方案。

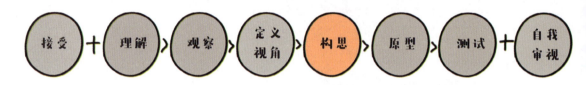

也许在过去的几天乃至几周里，在我们对如何发起和实施改变进行了各种反思练习后，我们的脑海里已经有了一些初步的点子。

如果我们已经在能量日志中进行了反思，可能已经在前几天实施或尝试了一些改变。但是，我们不应该一次性改变所有事情，而应该更专注于我们认为特别重要或迫在眉睫的事情。

因为。我们的人生处于在各个领域动态的平衡中，每一次的改变将导致系统中出现新的平衡；所以，我们应该不断调整，找寻更优的平衡状态。

特别要牢记"什么是不可撼动的事实"和"什么是我能攻克的难题"。

选择改变的路径必须由每个人自己定义，在许多时候，它更类似有不同阶段的登山路径。例如，可以从能量日志中导出某一小阶段的计划，作为路径的参考。不要担心改变进程在某一点上慢下来——在此过程中，稍作休息（停滞）并反思是正常且非常有价值的；休息有助于我们为下一个阶段积蓄力量。

到达每一个小阶段都会增强我们的自信心并坚定我们的信念，因此随着时间的推移，我们将能够挑战新的高峰和新的旅程。我们在挑战中成长。

苏的阶段计划，她在其中寻找点子和解决方案

苏将"显得神秘"制订为第一阶段计划的准则。在下一阶段的计划中，她将与不同社会地位的男士约会。我们在制订阶段计划的时候将着重于"改变什么"。解决方案则阐述"怎么改变"。

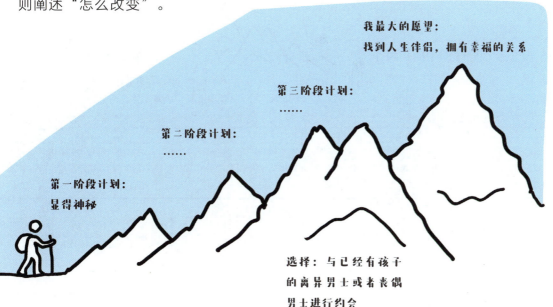

定义阶段计划及目标

定义您人生的一个或多个领域的阶段计划和目标。

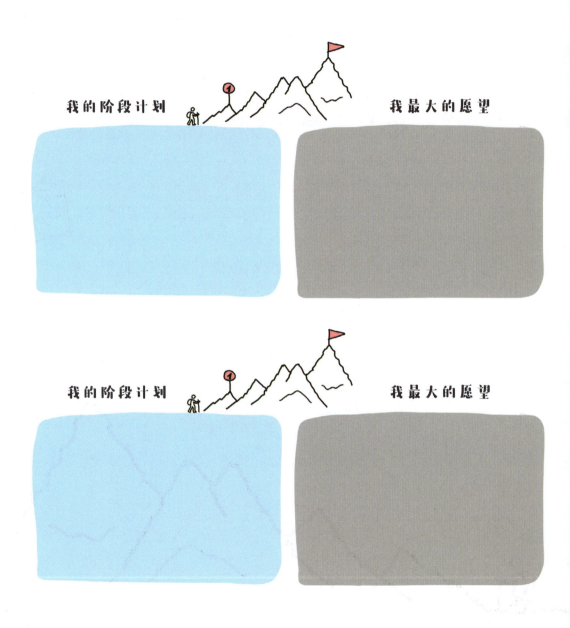

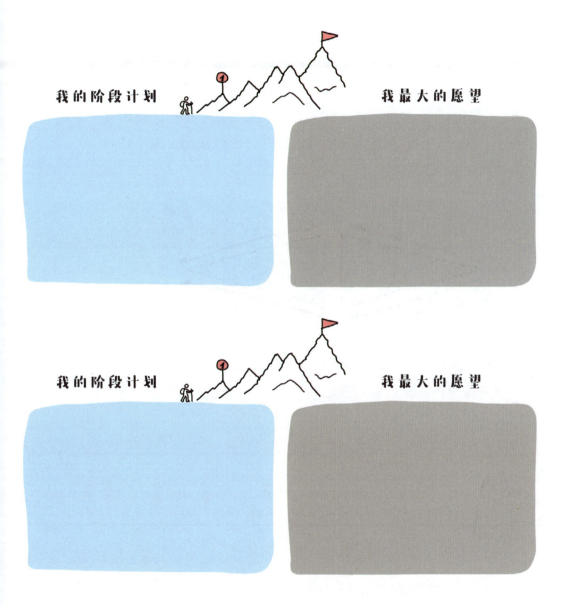

当我们知道"想改变什么"之后,就需要知道"怎么改变"了。

我们如何发掘点子实现第一阶段计划?

设计思维有两种状态：发散和收敛。发散是为了产生尽可能多的点子。为了提出设想（找到点子），我们使用一种众所周知的创意方法，即头脑风暴或头脑书写（自己记录创意）。相比之下，发散用来挖掘新概念，收敛被用来集中打磨最合适的解决方案。

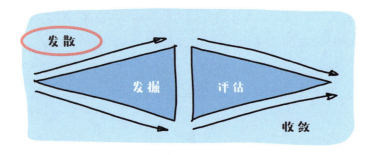

在发散阶段，我们希望让所有想法都不受约束地流淌出来。头脑书写是入门的理想选择，我们写下脑中出现的一切想法。

约翰在此阶段的第一个点子是"给这段关系注入更多动力"。

我们记得约翰。在第一阶段，他希望改善与妻子的关系。他感觉他们的关系变得枯燥，越来越没有爱。他们共同的愿望是拥有一段开心幸福的关系。他从头脑书写开始，记下浮现在他脑海中的所有充满创意的点子。

谈论两性需求　　　做一个优秀的　　　　别再去探亲了
　　　　　　　　　倾听者

　　给米歇尔买辆　　　　分居　　　　　休息一段时间
　　摩托车

　　　　　　　出轨　　　　　　　　一起讨论问题

婚姻咨询
　　　　　　　　　嫉妒

　　浏览人生规划
　　博客　　　　　　赚更多的钱　　　改变工作/退
　　　　　　　　　　　　　　　　　　休状况

　　　　　　　　　　　　　　　　　　咨询朋友
　　更亲密　　　　

　　　　　　　　　　　　　　　　　　再生个孩子？

　　通过增加关注改　　　慷慨一点
　　善关系　　　　　　　　　　　　　互助小组

　　　　　　　　移民

　　　　　　　　　　　　　　　度假/一起
　　　　　　　　　　　　　　　参加活动

反思自己的　　阅读关系指南　　**分享独特的体验**
行为　　　　　　　　　　　　　**（例如跳伞）**

　　　　　　　　　　　　　　　询问自己的行为
　　　　　　　　　　　　　　　如何影响他人的（如
　　　　　改变居住环境　　　　　**亲朋好友）**

苏找寻伴侣的点子清单

苏也对"我怎样才能……"进行了反思。她正在寻找合适的人生伴侣。第一步,她想弄清楚可以"显得神秘"的场合。苏使用一张表格进行头脑书写。

苏关于"我应该在什么场合显得神秘?"的头脑书写。	
■ 在新的休闲活动上认识某人	■ 报名参加闪电约会,可以在短时间拿到许多联系方式
■ 去成人教育中心上课	■ 写诗发布在网上(比如博客)或者公开阅读
■ 排练和表演一种"街头艺术"来显得神秘	■ 参加有不同人群参与的国际化活动
■ 学习与经济学和市场营销无关的东西	■ 参加为单身人士设置的学习之旅
■ 更多地接受朋友邀请,参加私人派对	■ 参加一个完全不了解的话题聚会
■ ……	■ ……
■ ……	■ ……

构思

我们还可以利用头脑风暴得到一些有创意的点子，所以我们将用接下来几页写出可以实现的愿望或第一阶段可实现的点子。让我们向约翰学习：将这些阶段计划概念写在书本的空白页。然后，我们写下所有联想（疯狂的点子、乍看很荒谬的点子、激进的点子），或者像苏一样使用两列式列表。

如果一些事情进程变慢，我们就在别的地方继续。在这个阶段我们追求的是点子数量，而不是质量，如果我们不能很快获得成功，我们问自己："**我还可以……**"

头脑书写：对于如何实现您这一阶段目标，您有哪些点子？

用头脑风暴及头脑写作创造你的点子

用头脑风暴及头脑写作创造你的点子

 ## 用头脑风暴及头脑写作创造你的点子

用头脑风暴及头脑写作创造你的点子

99

选择点子

毫无疑问,在这个练习之后,您会对一个或多个阶段计划有很多不同的点子。用荧光笔突出标记5～7个点子,建议您凭直觉选出那些对您有帮助的点子,然后将其转移到"雏菊"上。在这一步初始选择非常重要,因为它将让您提升自我效能感并引发积极的变化。

选择雏菊图作为可视化方法的优点是:在一朵花中,每个花瓣都位于相同序列,这让您不会如同使用列表那样,潜意识中对信息进行优先级排序。

例如,斯坦福大学的塔玛拉·卡尔顿和比尔·科凯恩,在他们的"预见框架"中特意用雏菊来显示一个问题的可能维度,或像在我们的背景中,描绘出一定数量的可能性。

苏的点子筛选

通过头脑书写，关于如何"显得神秘"苏已经想出了 20 多个点子。有些极为契合她的需求，有些则不那么符合。为了"显得神秘"，她选择了下面 6 项活动。

- 不要谈论太多关于我自己的事情——应多问一些为什么的问题。
- 每周写诗或座右铭，并分享在社交媒体上，接着主动用提问引导其他人回答。
- 谈谈我放在"百宝箱"中的东西，当被问及时，不要透露细节，例如与电影明星的合影。
- 拟定一份个人介绍，我可以不经意地提出来，以诱发人们的好奇心。
- 找出 5 个使我在对话中变得有趣、神秘、有创意句子。
- 在领英学习板块写一篇关于反思人生的文章。

为您的阶段计划选择点子

在接下来的几页中,您可以创建自己的雏菊图并整理您的点子。重要的是选择出您认为很好并且对实现目标有用的点子。

我们对这些点子满意吗？或者我们在寻找更具创造性的点子？

在第一次构思迭代后，我们可能已经对结果相当满意了。那我们应该直接翻到 114 页，启动从发散阶段到收敛阶段的过渡。

如果我们想提高我们的创造力和创意（产生更多的点子），我们可以尝试另一种设计思维方法——类比。其基本思路是将来自其他领域或人生不同阶段中有帮助的创意融入头脑风暴过程中，以提出新的解决方案。

苏会选择什么样的类比？

苏关于"显得神秘"的第一个点子是类比"秘密特工"。詹姆斯·邦德在她心目中是一个具备神秘气质的完美典范。他著名的台词"摇一摇，不要搅拌"受到人们的追捧，顺带让军情六处的特工也显得很有趣。

苏根据选定的类比对象拟出以下句子：

我怎样才能通过表现得像个特工来改变我目前的行为（过于自信和透明）？

约翰给了我们另一个思路,用过去做类比对象。约翰记得他遇到妻子米歇尔时的情景,他以此为基础展开联想。

约翰阶段计划的类比

"为什么米歇尔在 30 年前对我说'是'的时候那么高兴?"

或者

"我们相遇时我非常欣赏米歇尔的哪些品质?"

头脑风暴和描述类比

使用类比时,想出两到三个类比,然后把它们写成一个句子会非常有用。然后,我们建议您针对一两个类比进行一次头脑风暴。

头脑风暴类比:

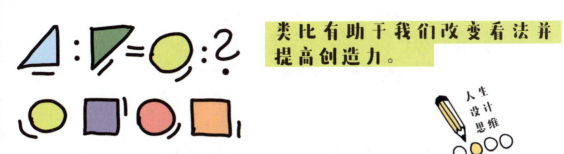

类比有助于我们改变看法并提高创造力。

人生设计思维

类比 1

我如何通过包含 _____ 的方法，
　　　　　　　　　　（基准）

来改善我的现状 _____？
　　　　　　　　　　　　　　（问题）

类比 2

我如何通过包含 _____ 的方法，
　　　　　　　　　　（基准）

来改善我的现状 _____？
　　　　　　　　　　　　　　（问题）

类比 3

我如何通过包含 _____ 的方法，
　　　　　　　　　　（基准）

来改善我的现状 _____？
　　　　　　　　　　　　　　（问题）

我们如何在类比的基础上思考？

在头脑风暴时，我们在下面几页写下类比的所有可能性解决方案，再将最合适的填入雏菊图中。

在进行了头脑风暴后，苏已经确定了与詹姆斯·邦德类比得出的各种解决方案，并将它们总结成另一个雏菊图。

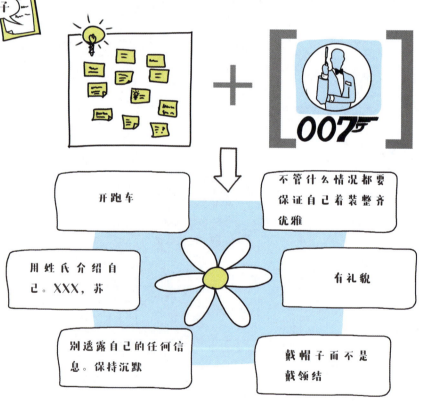

由类比引发的头脑书写

在接下来的几页中,您可以在第 107 页定义的一个或多个类比的基础上进行头脑风暴。进行头脑风暴后,选择对您来说合适的点子,并将其填入雏菊图。

由类比引发的头脑风暴

由类比引发的头脑风暴

111

选择解决方案

在以下几页,您将有创造更多雏菊图并整理思路的空间。在类比练习中,重要的是选择对您达到预期阶段计划有用的点子。

我们需要更多的创意吗?

到目前为止,我们已经收集了很多点子,可以结束发散阶段并进入收敛阶段了。

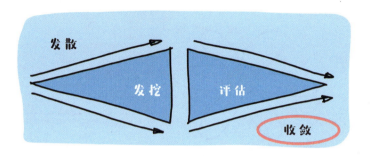

当然,我们也可以使用其他头脑风暴和头脑书写的方法(例如"黑马",假设某些事物不存在的假设方法,如让我们思考一下约翰的境况:"没有我的妻子,人生会是什么样子?")。通常,在大多数情况下,在收敛阶段我们能够收集许多改善人生的潜在解决方案,在此基础上我们可以继续人生设计思维流程。我们将专注于可行的解决方案,以帮助我们感到快乐;接下来,我们要进入"挣扎区"。

为什么说是"挣扎区"?

从发散阶段到收敛阶段的过渡也称为挣扎区。这是因为从众多点子中选择具备实现可能性,并将各个阶段计划排列成有意义的顺序是具有挑战的。

最后,我们应该将可能的选择限制为数种解决方案:可选项越多,选择就越困难;不必担心会不会遗漏一个好点子,最终,我们通常会凭直觉决定目前最合适的选择是什么。

为了作出选择，我们还可以添加四个我们之前已经使用过的问题：

- 这个解决方案给人的感觉如何？
- 哪种解决方案感觉更好？您的身体感受到了什么？
- 别人如何知道您正在尝试新东西？
- 您还想做些什么？有哪些产生了积极情绪的干扰因素？

在接下来几页，我们将执行四个步骤。

1. 总结和选择点子。
2. 将点子可视化并以具体状况为目标。
3. 测试人生概念并进行实验。
4. 迭代改进计划和合适的人生概念。

我们该如何总结和选择点子？

为了选择和汇编点子，我们可以将点子放在决策矩阵上。例如，我们可以用"很棒"和"可行"作为坐标轴。我们可以用这种方式把来自不同雏菊图的创意点子进行快速分类。

苏的点子筛选

既然苏已经有了一些很不错的点子，那么我们以她的决策矩阵为例进行介绍。她根据自己的感受将个人想法整理成矩阵。苏想推进一切很棒又可行的事情。

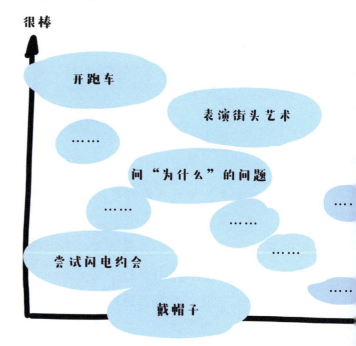

选择点子

在接下来的几页，您还可以将您的点子转换成这样的表格。它通常适用于职业、家庭、人际关系和健康方面的预期转变。

当然，您还可以改变轴的定义或进一步缩小它们的范围（例如，"负担得起"将代替"可行"），以使矩阵最接近您的个人需求。

哪些点子很棒且可行？

- 每个周一写诗
- 设计个人陈述
- 对自己的状况保持沉默
- ……
- 去游学访问
- 学点其他新东西
- ……
- 穿优雅的衣服
- 与有神秘感的人做朋友

→ 可行

总结并筛选点子

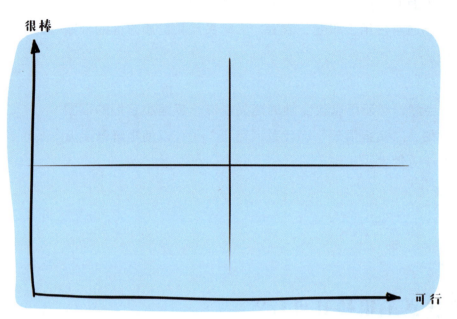

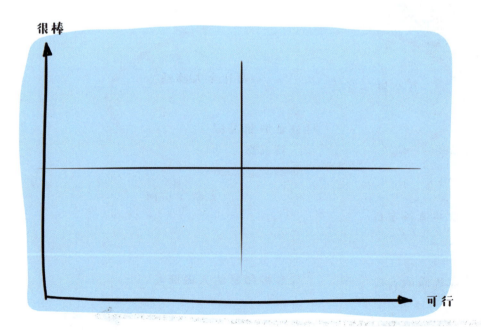

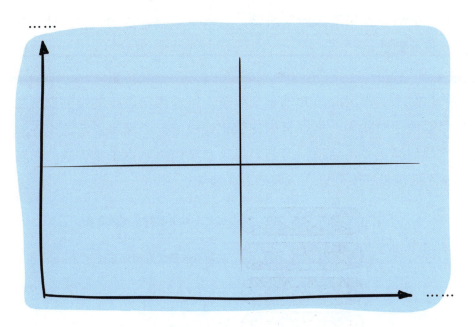

我们如何作进一步筛选？

在初选之后，我们汇编解决方案，通常可以确定三到六种具体的解决方案，进行测试。

如果我们还不确定应该尝试哪个点子，可以再次进行简短的交叉检查。也可以使用对我们一直很有效的四星评级法：一颗星表示这个主意不错但对我们而言并不合适，而四颗星则表示这主意直击我们的心。我们将此排名应用于三个问题，以获得总体星级。

获得总星级超过两颗星的点子即适合拿来实验。这能让我们很快了解我们对这些潜在方案的看法。下面的示例展示了它的工作原理。

 ## 苏给"对自己的状况保持沉默"的评分

苏喜欢这三个点子，觉得它们很棒且可行。但是，"对自己的状况保持沉默"与她的观念不符。

我有足够的自信去执行 　　这与我的价值观相符 　　想象到它是令我舒适的 　　点子总体星级

因此，她决定尝试一些更积极且更符合她本性的事情。她想写诗，并在社交媒体上分享自己的诗。

喜好评级

从这四个角度评价您的喜好。

喜好评分 1: · · · · · · · · · ·

| 我有足够的自信去执行 | 这与我的价值观相符 | 想象到它是令我舒适的 | 点子总体星级 |

喜好评分 2: · · · · · · · · · ·

我有足够的自信去执行　　这与我的价值观相符　　想象到它是令我舒适的　　点子总体星级

喜好评分 3: · · · · · · · · · ·

我有足够的自信去执行　　这与我的价值观相符　　想象到它是令我舒适的　　点子总体星级

设计、测试以及实施人生计划

我们将人生潜在计划可视化后就是我们的原型，我们将选定的点子设计成解决方案。但是，在我们实际测试它们之前，这些点子无非就是一些假设。对于我们的原型来说，实践经验和与其他人互动是获得反馈的关键，并以此最终迭代设计出让我们更快乐的人生。然而，各种假设的有效性，只有在我们人生计划的实施过程中才能得以证明。

原型：将阶段计划及人生概念可视化

为了使原型阶段中选定的点子和人生概念可视化，使用表格总是很有效的。表格从初始阶段开始，描绘了三个阶段，并在最后勾勒出理想的结果（请参阅第 125 页苏的人生计划）。这也是我们人生计划的初稿，即我们想要测试的改变。

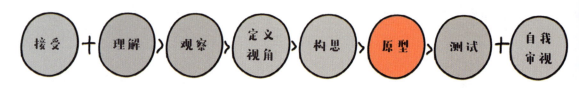

不论改变大小，我们都可以用表格来处理。但是在发生重大改变的情况下，各个阶段的时间跨度通常会更长一些。

我们建议描述几种人生概念及其阶段。每个计划都应该有一个名字，就像我们在设计思维中为每个原型命名一样。除了对已经讨论过的点子进行自我审视外，我们还应确定人生计划要解决的主要问题。

另外，苏已经开始可视化她的人生计划，同时正在研究该计划所要解决的问题。然后，她会反思自己：是否有足够的自信去实施，这个计划是否与她的设想相符，以及她是否有时间、精力和力量来应对变化。最后，苏再次简要总结了她的发现。

==设计思维是关于设计、测试并实施点子的流程。如果我们将这三位一体的概念拆分，最终结果将受到影响。==

苏"让人生中的每一天有更多的诗篇"的人生计划草图

这个人生计划满足了什么需求?

- 获得更多关注
- 学习新的提问技巧
- 我可以在了解男士的同时保持神秘

这个人生计划还未回答什么问题?

- 我需要多长时间才能成功?
- 我如何确保能在中国香港遇到这个人?

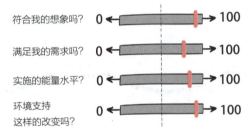

通过思考人生计划是否符合您对事物的想象、是否满足您的需求、是否符合您当前的能量水平,以展现人生计划的完整视图。此外,请检查您的环境是否支持您的改变。

在接下来的几页,您将有空间把您的计划和阶段具象化。基于新的想法,通往理想结果的路径可能会改变,因为在过去的几天和几个月中,您对自己的需求有了更多的了解。

描绘计划和阶段

人生计划 1：．．

开始： 阶段 1： 阶段 2：

人生计划满足了什么需求？

．．
．．
．．

这个人生计划还未回答什么问题？

．．
．．
．．

阶段3: 　　　　　理想结果:

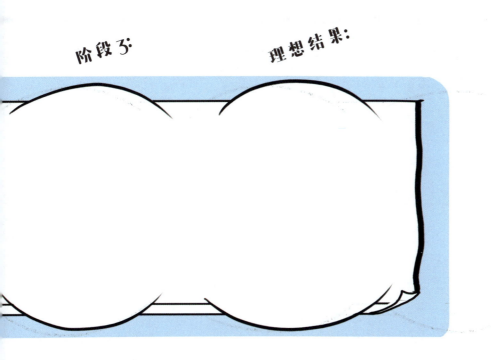

人生计划的整体状态

符合我的想象吗?	0 ⟵▬▬▬⟶ 100	
满足我的需求吗?	0 ⟵▬▬▬⟶ 100	
实施的能量水平?	0 ⟵▬▬▬⟶ 100	
环境支持这样的改变吗?	0 ⟵▬▬▬⟶ 100	

描绘计划和阶段

人生计划 2：. . . . .

开始： 阶段 1： 阶段 2：

人生计划满足了什么需求？
. . . .
. . . .
. . . .

这个人生计划还未回答什么问题？
. . . .
. . . .
. . . .

阶段3: 理想结果：

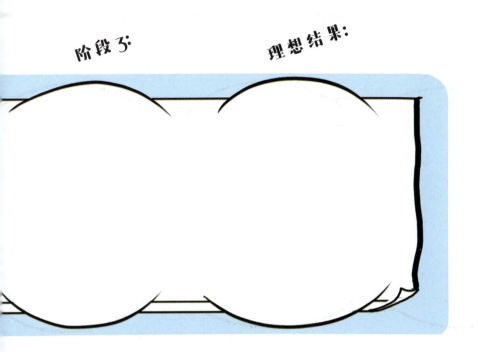

人生计划的整体状态

符合我的想象吗？ 0 ←▬▬▬▬→ 100

满足我的需求吗？ 0 ←▬▬▬▬→ 100

实施的能量水平？ 0 ←▬▬▬▬→ 100

环境支持
这样的改变吗？ 0 ←▬▬▬▬→ 100

129

描绘计划和阶段

人生计划 3: ⋯⋯⋯⋯⋯⋯⋯⋯⋯⋯⋯⋯⋯⋯⋯⋯⋯⋯⋯⋯⋯⋯

开始：　　　　　　　　　阶段 1：　　　　　　　　　阶段 2：

人生计划满足了什么需求？
⋯⋯⋯⋯⋯⋯⋯⋯⋯⋯⋯⋯⋯⋯⋯⋯⋯⋯⋯⋯⋯⋯⋯⋯⋯⋯⋯⋯⋯⋯⋯
⋯⋯⋯⋯⋯⋯⋯⋯⋯⋯⋯⋯⋯⋯⋯⋯⋯⋯⋯⋯⋯⋯⋯⋯⋯⋯⋯⋯⋯⋯⋯
⋯⋯⋯⋯⋯⋯⋯⋯⋯⋯⋯⋯⋯⋯⋯⋯⋯⋯⋯⋯⋯⋯⋯⋯⋯⋯⋯⋯⋯⋯⋯

这个人生计划还未回答什么问题？
⋯⋯⋯⋯⋯⋯⋯⋯⋯⋯⋯⋯⋯⋯⋯⋯⋯⋯⋯⋯⋯⋯⋯⋯⋯⋯⋯⋯⋯⋯⋯
⋯⋯⋯⋯⋯⋯⋯⋯⋯⋯⋯⋯⋯⋯⋯⋯⋯⋯⋯⋯⋯⋯⋯⋯⋯⋯⋯⋯⋯⋯⋯
⋯⋯⋯⋯⋯⋯⋯⋯⋯⋯⋯⋯⋯⋯⋯⋯⋯⋯⋯⋯⋯⋯⋯⋯⋯⋯⋯⋯⋯⋯⋯

阶段3： 理想结果：

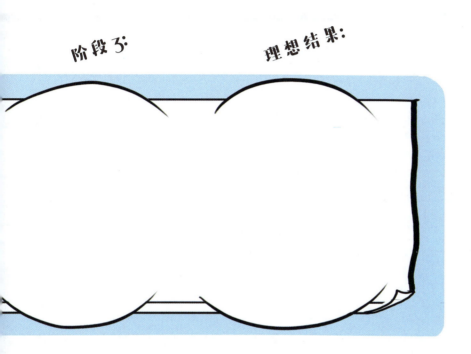

人生计划的整体状态

符合我的想象吗？　0 ←▬▬▬▬→ 100

满足我的需求吗？　0 ←▬▬▬▬→ 100

实施的能量水平？　0 ←▬▬▬▬→ 100

环境支持
这样的改变吗？　　0 ←▬▬▬▬→ 100

留给笔记的空间

"人生设计思维"遵循"爱它,接受它,重构它或触发改变"的原则。我们的人生理念也是如此。

人生概念测试与实验

设计过程的一个重要部分是测试点子、查看对其感觉,并思考如何改善它。如果不喜欢它,可以弃用潜在的点子,找到一个新的点子重新开始。

测试一个人生概念说起来容易做起来难,但是有几种方法可以帮助我们获得洞察力。测试是设计思维周期中最重要的步骤之一,因为它不是思想实验的问题,而是真实经验的问题。

测试首先需要有好奇心和尝试新事物的意愿。

其意义在于,我们可以通过测试这一步骤,用尽可能低的成本找出能给我们带来快乐的潜在人生计划,以及我们是否应该考虑实现它。

我们可以利用哪些可能性去测试人生概念？

如果我们想转行，我们可以在某个行业先尝试一天；如果我们想移民，那么去想移民的国家度假是一个很好的尝试。这同样适用于在一段关系中作出期望的改变。

重要的是，我们将测试各个阶段或者是理想中的结果，并通过这种方式获得新的见解。通常情况下，我们对什么是美好人生或者如何在某个职业中获得快乐，都会有一些假设。但只有当我们在真实的环境中体验时，才能发现真实感受。我们的行动将基于实施阶段与理想结果的小原型。

==没人喜欢失败，但是一个早期的失败——从尝试接近解决方案的角度来讲——有效地激发了改变。==

关于我们人生计划和阶段的原型可以通过许多不同的方式进行测试和验证。目的是找出使您快乐的因素。

减少用在当前工作上的时间，花一点时间测试另一种人生概念，确实是昂贵且复杂的。但这是获得真实经验的最佳方法。在为期一周的"实习"中进行尝试，会为我们带来重要的见解；我们也可以在人生概念、职业和活动中进行类似的参与式观察（也就是影子练习）。

影子练习的一种简单形式是与他人谈论您的想法。这包括采访专家——也就是正在做着您想做的事情的人。或与您亲近的人例如亲朋好友交谈。您的关系网中有无数可以分享经验和与您讨论想法的人。

苏如何测试她的原型

苏与她的朋友们讨论了关于在社交媒体上周期性发布诗歌的想法。大多数人都积极回应,并鼓励她形成诗集。许多人还提出会给她"点赞",以形成病毒式转发并引起关注。

只要我们可以从人生概念的原型中学到东西,就应当对它们进行试验。

此外,还可以从讲座、现场报告或博客等处了解更多关于您想改变自己的特定主题。除此之外,今天在几乎所有的城市和网上都开设了"人生设计思维"或"设计您的未来"课程,课程提供了与其他参与者进行大量讨论、获得反馈或只是单纯让自己有所启发的机会。

反馈收集表

无论哪种方式,在我们测试我们的点子、阶段和人生抱负时都会获得有价值的反馈。提供一个简单的四象限矩阵,可以帮助收集反馈。它为我们提供了一个很好的概览,从中可清晰看到我们认为很棒的东西、将要摒弃的东西、与我们的人生期许无关的东西,当然还有我们经历过并想要追求的新事物。

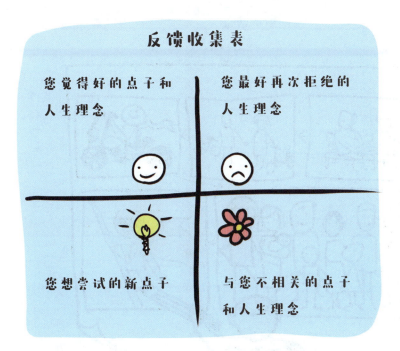

因为设计思维是一个迭代过程,所以建议重复几次前面的阶段并进行相应的思考,以改进、适应或摒弃筛选我们的点子、阶段和人生理念。

当我们最终制订出一个现实的人生计划时,用一个可理解的故事来描述或形象化它是很有价值的。可视化故事的优势在于:每个阶段都可以被描绘成一幅图像,以表达我们想象中的自身变化。

约翰的人生计划：他的自我效能感行动素描

例如，约翰现在对自我效能感的期望与他自己的愿望、技能和可以成功执行的行为之间建立了一种新的关系。但是，我们也会发现这个故事会随着时间的推移而变化，因为许多变化也取决于社会体系。这也是我们的人生复杂的原因。

收集反馈

在接下来的几页，您可以使用五个空白的反馈收集表。这些表格为您记录个人经历的重要发现提供了足够的空间。

反馈收集表

"好极了" "拒绝"
"新点子" "无关"

从阶段和人生计划的测试结果可以帮助您调整现有计划，（比如：在计划中加入新的元素、制订可视化的新人生计划或单独的阶段计划）。您可以根据自身需求，多次以此方法进行迭代（测试—获得反馈—改进），直至找到符合您想象的人生概念原型。

拟定您的人生计划和自我效能感的行为方式：

为什么人生设计思维是一项团队运动

在整个人生设计思维流程中，让我们的人脉网、朋友和家人参与进来很重要。在人生设计思维的过程中我们有多种能与他们一起互动的方法。您可能已经在不同的阶段让这些人参与了。例如，您可能在探索自我形象和他人对您的看法中采访了他们，或者您可能为获得有价值的反馈与他们讨论了阶段和人生计划。

当您试图改变时，这些人对您极其重要。当您考虑换工作时，他们可以帮助您建立联系，他们也会认真倾听您的测试经历，如果您失败或有负面经历时他们也会激励您继续前进。

因此，您需要这些支持者、盟友和亲密家庭成员来帮你改变。通常，您自己的改变也会对其他人产生积极的影响，他们会因此受到启发，找到勇气改变自己的人生。

人生设计思维是一项团队运动

哪些人可以在改变过程和实践测试中为您提供帮助?

人生设计思维不仅仅是对个人的改变,在过程中的每个阶段和我们主动发起的改变都会对我们周围的人产生影响。

我们该如何实施新的人生理念？

在实施这些阶段计划时，我们应该反思每种改变是否使总体情况变好了。如果没有，我们必须重新调整我们的行动。人生中没有所谓的"最终状态"。即使我们拥有完美的工作、最佳的人际关系和最健康的人生，也会因为某些事情需要改变，或者因为某些外部因素导致我们采取行动。因此，人生设计思维是一个持续的过程，我们需要不断进行实验以调整我们的人生或调整我们的重心。

"如果可行，那就多做点；如果你做的不管用，那就做点别的吧！"
——史蒂夫·德·沙泽尔

螺旋式发展

这本《人生设计思维手册》为我们提供了大量的策略和技巧来继续迭代过程。有了正确的态度，我们将能在每次迭代中进行更深入的挖掘。如果我们意识到要探索新的路径，就要更深入地了解自己并逐渐作出更多的改变。重构还教会我们从失败中汲取积极的教训，因为这仅仅是实现令您满意人生的一种实验。

当我们能不断进一步发展自己,从而平衡人生中各个领域的变动时,我们的幸福感会达到极致。最好定期抽出一些时间来反思我们所处的阶段和进展。

在《人生设计思维手册》(第 13 ~ 15 页)的开头,您对不同的行动进行了评级,以评估您对这些行动的满意度并将其与初始状态进行比较(请参阅第 13 页)。我们建议您在达到一个或多个阶段后再次填写此网格,然后确定哪些改变需要更进一步。

自我审视:
您现在处于人生什么位置?

	😠	🙁	🙂	😍	😃
人际关系					
休闲					
工作					
健康					

当我们开始前行时,路自然就会出现。

苏和约翰身上发生了什么？

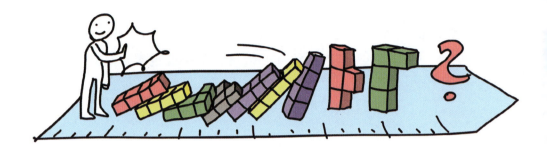

积跬步，以致千里。

在过去的几周和几个月里，苏和约翰都学到了至关重要的东西，即他们如何有效地改变某些事情。双方都启动了自己的系统、尝试了新事物，也因此将改变掌握在自己手中。最令人激动的当然是您自己的故事，因为您迈出的每一步都是在撰写您的专属故事。这些虚构人物成功地让一些事情开始运作，您想看看他们现在的状况吗？

苏发现了她想改变的两个大问题：一是希望从亚洲回到欧洲，与家人更亲近；二是苏认为有必要寻找伴侣；就她想回到欧洲的愿望而言：理想之地并不是瑞士而是巴黎，苏总是把法国的"爱之城"与积极的事物联系在一起。

由于苏希望找到伴侣,她实施了在社交媒体上发布带有少量图片的简短人生感悟的点子。在此期间,苏有4 320位关注者每周阅读、评论和转发其动态。她经常将问题加入发布的文案中,以引起读者的回应。就这样,苏与几位男士建立了联系,并度过了两次愉快的约会。她非常喜欢写这些感悟,所以她正考虑出版一本名为《生活中的每日诗作》的小书。

约翰的人生新篇章即将开启：能够在60岁时提前退休，是对时间和生活质量的巨大馈赠。然而，他很快就遇到了一些问题，虽然早已对这些问题作了安排，但由于时间不够，他一直没有解决。在退休前，约翰总是可以找到借口来逃避亲戚。现在约翰必须面对这个挑战。他从《人生设计思维手册》中获得的见解让他意识到需要从自己做起，以改善与亲戚和米歇尔的关系。

约翰从小步骤开始逐渐尝试各种不同的方法，直到他的新日常变得不错。他与米歇尔达成了共识，一起做了各种安排。例如，他们每两周才一起拜访亲戚，每隔一段时间就骑摩托车去新奥尔巴尼旅行。

为了恢复与米歇尔的关系并花更多的时间与她相处，约翰计划与米歇尔一起参加某些体育活动。米歇尔已经定期滑冰20多年了，约翰身体状况不好，滑不了冰。米歇尔为他准备了一辆自行车作为退休之用。这并不是随便买的一辆自行车！这辆自行车采用了特制的前轮伸出式设计，因此约翰坐上去感觉就像坐在他的哈雷上一样。他还注意到锻炼和骑自行车对他的健康非常有益。过去，他常常无法入睡，但自从他开始多锻炼、多活动后，他的失眠问题就消失了。

==这些重大改变需要多一点勇气才能实现，而决策过程往往更复杂。==

在《人生设计思维手册》的下一章节,我们将聚焦于"重大变化"。因为在专业和职业规划主题下描述的这些重大改变,对于许多人而言,是我们必须反复处理的重要问题。如果有重大改变发生,我们通常会质疑整个系统。例如,我们问自己是否选择了正确的专业或职业。正如史蒂夫的案例一样,这些决定会对我们的人生产生深远的影响。然而,我们总是很难脱离某些固定的活动领域(=框架)。

到目前为止,我们主要在系统中进行改变,例如使用能量日志来改变我们的行动。而当重大变化发生时,我们则会在整个系统上进行修正,即我们作出影响深远的重大决策并且重组我们整个系统。

为了更好地理解，我们可以把两种不同类型的改变想象成两个不同的循环圈。对于较小的改变，将使用"单循环"，对于较大的改变，将使用"双循环"。

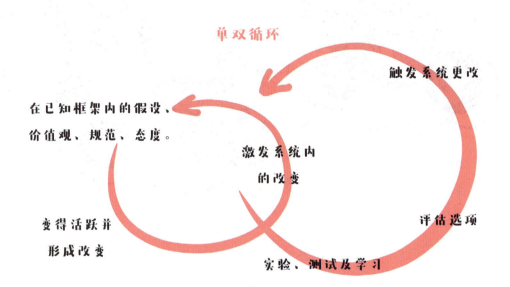

如何知道我们应对的改变是大还是小？

我们都能想象到这个问题有多难回答。让我们以一个在商业管理课程中成绩不佳的学生为例。这可能是因为他太晚开始准备考试或由于他的考试准备不足。在这种情况下，他有必要调整自己的学习策略。例如，他可以适当使用时间管理或项目管理来提高学习效率，从而取得更好的成绩。

不过，也可能是他缺乏动力——仔细观察后发现他甚至不喜欢这门课程。他选择商业管理可能只是为了准备以后让他接管公司的父母免于失望。在这种情况下，小的改变解决不了问题。尽管有时间管理，但心理压力不会消失——甚至会增加！

所以，我们经常面临着复杂的变化和问题，即面临我们想要什么和什么是合理的/外界对我们的期望之间的冲突。

识别这种复杂性的一种好方法是突出和分析个别情况。最后，我们后退一步，从远处看系统的整体情况。

就像画家在作画一样，他专注于单个元素的设计，例如肖像中的眼睛绘制。但是，他会不时从远处看这个作品的整体布局。

"在草图中，您能看到天赋；在执行中，您可以看到艺术。"
——玛丽·冯·埃伯纳-埃森巴赫

在下一节中，我们将以类似的方式前行。我们将探寻我们的思维偏好在哪里，哪些价值观对我们很重要，哪些任务摆在我们面前，最后我们可以选择哪些行动。依托双循环，我们致力于从所有拼图碎片里拼凑出一张完整图片，这将为我们作出特定改变提供线索。

自我检查

通过《人生设计思维手册》中介绍的策略和技术，我们首先学会了创建新的思维模式，使我们能够以有效的方式作出改变。在第一部分的结尾，我们将为您提供自我检查的问题清单，以向您快速显示您目前的心理状态：您已经内化了什么，您可以在未来进化到哪里？如果您对结论还很不确定，我们建议您再进行一到三次"人生设计思维"流程的迭代，或者进行自我审视并找出您踌躇不前的原因。

您处在什么位置？

人生设计思维自我检查可以帮助您确定您的位置。它展示了您心态的深度变化，以及您采取行动应对进一步变化的能力。

把每一天都看作成长的可能

困难？艰难时期？问题？你不会坐在那里为自己感到难过，而是积极主动地开始改变。

是的　　偶尔　　尚未

您对自己的人生有清晰的认知；您会分阶段思考你想改变的一切，从而获得行动的能力。

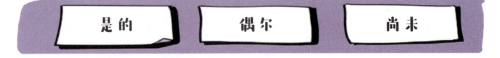

是的　　偶尔　　尚未

重大事件是一个巨大的挑战。您意识到您可以改善自己的处境，或以不同的方式看待它。

是的　　偶尔　　尚未

您不会把精力浪费在您无法改变的事情上。您专注做能使您快乐的事。

您有个人坚持的价值观和理念。但同时您又愿意反思自己的言行，思考自己给他人留下的印象。

您尝试新的想法，试图找出属于您的人生理念。但您不会完全沉溺于某一新事物，相反，您会逐步探索那些使您在未来更开心的可能性。

您专注于当下。您懂得使用重构的技巧将无法改变的过去和对未来不确定性的恐惧放入另一个环境中。

您对自己的行为负责。如果您犯了一个错误，那么您会从中学习并调整下次的行事方式。

您不是将自己与他人进行比较,而是将自己的表现与过去的成功经历比较;在此基础上您给自己制定了一个清晰、可达到的目标。

如果您在测试中意识到自己不喜欢某一个人生计划,您会选择改变计划或改变看待计划的心态。如果这些都无法实现,您将作出改变,就像座右铭说的那样:"爱它、接受它、重新设计它或触发改变。"

您有意识地花一些时间在自己身上,将这些时间用于思考、计划和准备下一步的改变。您有足够的自信与自己独处。

您了解自身的能力以及如何运用它们。您积极寻找您最擅长的领域。

为了实现伟大的目标和愿望您需要有超凡的毅力。您有耐心坚持到改变产生结果,同样,您对部分成功也感到高兴。

您注意您的精力花在什么地方。您不把时间浪费在剥夺您力量和消磨人生乐趣的事情上。

您坚持积极正面的态度,从每次遇到的状况(或好或坏)中获得收获。

您不让自己被令人不适的情况支配。您已经制定出识别这种情况的策略且找到了健康的应对方式。

您定期对自己取得的进步进行反思。您思考自己已经取得的好成绩,并在必要时修正路线以实现目标。

第二部分
专业和职业规划

在《人生设计思维手册》的第二部分，我们主要关注专业和职业规划。尽管我们一生只花费 50 000 小时至 150 000 小时工作，这仅占我们生命的 10% 至 15%，但却是我们一生的重要课题。作出打破常规的改变需要非常大的勇气，这一类的决策往往更复杂，而保证这种复杂性可控的一个好方法是：将其特别显示并维持部分领域的平衡。因此，在本节中，我们将探讨我们的技能、价值观以及我们职业生涯中的环境因素、设计和测试选项。

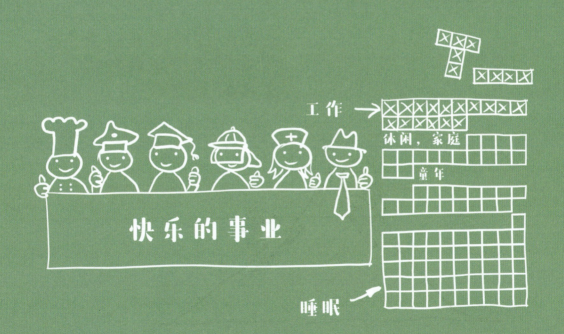

开启重大改变

此时,您可能会问,为什么到目前为止,我们只关注小阶段的改变,而没有解决大问题。答案很简单:根据我们的经验,重大改变需要投入大量努力和精力。如果我们能在小范围内提升自我效能感,那么我们就自然而然地拥有更大能量来应对重大变化。此外,通常情况下,微小的改变能激发重大成就,可再次参阅关于行动力的隐喻。

此外,我们目前几乎没有提到史蒂夫,我们可以猜到他正面临着重大决策——他想知道应该选择深造还是工作。其他人物则在考虑移民或开始新职业(这个职业远远超出了他们的舒适区)。这类问题通常每五到十年出现一次,而这类决定常常使我们夜不能寐。

==克服心理障碍且感觉有能力行动是实现积极变化的关键。==

克服障碍

对于重大改变，我们同样可以使用那些用于小改变的策略和技术。所有的改变都取决于决策的规模、阶段的规格，当然还有计划的范围。当苏开始撰写博客文章，她引起了一些其他事物的变化；如果她想停止写博客，是比较容易的。但如果是一个移民计划，一旦作出决定就无法更改了。因此，让我们快速浏览一下"移民"的案例，并展望未来。

史蒂夫的哥哥亚历克斯正处于攻读康奈尔大学（Cornell University）博士学位的最后阶段。与此同时，亚历克斯和妻子玛伦有一个三个月大的女儿。在一个金融和商业论坛上，亚历克斯遇到了一位现居住于新加坡的前同学，他告诉亚历克斯，他的银行目前正在寻找分析师；去新加坡一直是亚历克斯的梦想，而玛伦也想离开她出生的伊萨卡（纽约），他们一起想象着在新加坡的人生——但移民对于这个年轻的家庭来说是一个重大决定。这个项目需要大量的准备并提前很长时间规划，因为在计划阶段，年轻家庭会考虑到各种问题。亚历克斯和玛伦使用在前文提及的人生计划表（P124）进行长远计划的设计。他们的第一步是获得工作许可证并为旅行存一笔钱。

首先，在我们规划自己的人生之前，问问自己——什么是真正重要的。

亚历克斯和玛伦的理想人生

从北纽约州搬到新加坡并在这个大城市中过上崭新的成功人生

人生计划满足了什么需求？
- 大城市的人生适合我们小女儿吗？
- 玛伦容易在新加坡找到工作吗？
- 我们能否应对不同的文化？
- 我们在新加坡都能有事业吗？
- 我们能负担得起新加坡的房租吗？

人生计划的整体状态

符合我的想象吗？ 0 ←——→ 100

满足我的需求吗？ 0 ←——→ 100

实施的能量水平？ 0 ←——→ 100

环境支持这样的改变吗？ 0 ←——→ 100

玛伦和亚历克斯都因他们想象的场景而热血沸腾。玛伦已经能看到自己在乌节街上购物，亚历克斯完全可以从公寓看到东海岸公园的风光和等待进入新加坡港口的船只。但是他们有点害怕，到目前为止，除了玛伦在加拿大度过了一个学期的海外生活，他们俩一直都在美国居住，对其他文化和生活方式没有太多经验。尽管亚历克斯和史蒂夫的家人最初来自中国，但他们是第二代人，从小就生活在美国，因此

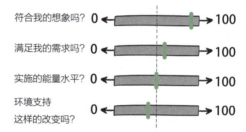

期待改变，自己却不为之行动，那就像是在火车站等一艘船。

他们完全融入了美国的生活方式,他们对亚洲文化很陌生。其次,他们缺乏足够的资金来实现自己的梦想:亚历克斯已经花了很长时间学习,近年来,他积累了相当多的学生贷款债务。在对移民新加坡的方案进行评估后,他们意识到这一变化会对他们和他们的小女儿产生多么深远的影响。玛伦和亚历克斯也在考虑是否可以改变他们的计划,以减少他们的不安。您可以在第218页找到玛伦和亚历克斯的选择。

人生有时会遇到意想不到的可能性。但是,我们脑海中始终要有全局,以找出我们真正的需求,以及它们对我们行动力的影响。

重点:专业及职业规划

在看完亚历克斯和玛伦的案例后,我们现在将目光投向专业与职业规划的更广阔领域。

职业生涯规划就像一个拼图游戏。当我们知道所有片段后,只需要将它们放在一起即可创造出目标图像。

其他因素对我们的职业规划也很重要。例如,我们会发现我们的思维偏好在哪里、哪些价值观对我们很重要、哪些任务摆在我们面前,最后我们有哪些行动选项。(有关"思维偏好"的说明,请参阅第174页的图。)拼图游戏的所有碎片构成一幅图片,该图片可以为我们提供具体方向的线索。

为什么自我效能感对职业生涯非常重要?

在实现目标、完成任务和应对挑战的过程中,有效地表现自我起着重要的作用。怀疑自己能否改变现状的人更容易感觉到压力,因此他们更容易感到沮丧。他们没有能力激励自己,也不能很好地应对负面情绪。

当我们来到这个世界,我们人生的最初几年只能听从命运。这条路由我们的父母和他们的期望、社会以及我们成长环境所决定的。同样,我们的校园人生是一个固化的系统,在该系统中,我们必须以最佳方式运行。我们第一个重大决定是在教学能力差别不显著的各大职业学校和大学中选择专业或课程。

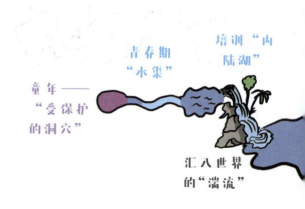

不管怎么样，这是我们人生中第一次有机会选择符合自己兴趣的道路。不过，正是在这里，我们会第一次产生复杂的情绪，不断地问自己是否真的想研究这个或那个主题。这个决定将影响我们的余生。

然后，最迟在我们学习结束或培训结束后，就会出现"四分之一人生危机"。突然，我们不再处于教育机构的保护体系，而是被世界要求"有所作为"。从那一刻起，我们就要为自己的人生负责。每隔一段时间，我们就会不断地向自己提出以下问题：

我是谁？
人生最重要的事情是什么？
什么会让我满意？

在人生的每个阶段，我们都梦想着一个特定的未来，无数个人的渴望和与之相关的恐惧被添加到这个梦想中。它们经常彼此冲突，例如渴望在城市中拥有一间时尚公寓与希望享有更多闲暇时光的冲突。

借助《人生设计思维手册》一书中的工具，我们能够提高认知，识别哪些愿望最强烈、哪些对我们的决策过程影响最大。将人生最重要的事情可视化，我们可以再次把我们的渴望和期许放到同一个维度。

将对您格外重要的愿望填入这个金字塔。

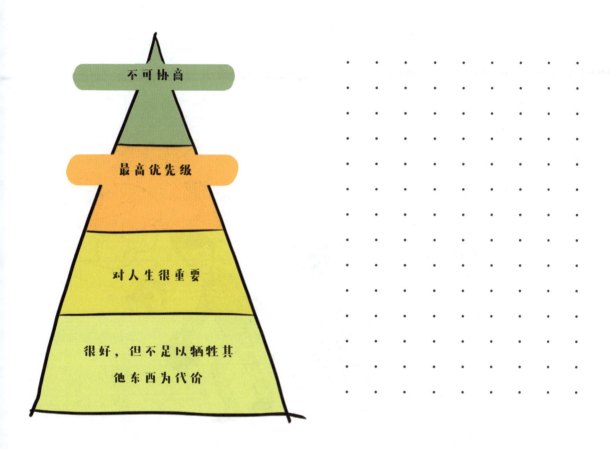

谁是史蒂夫？

我们的人生有无数的可能性，尤其是在我们的事业上。我们需要作决定，无论是即将踏上职业生涯的下一步、计划换个行业，还是像史蒂夫一样，都是我们职业生涯的开端。我们必须要作出决定并确信下一步是正确的。对史蒂夫来说，重要的是决定继续学习还是进入职业生涯。

史蒂夫，23岁
- 四海为家但没有方向
- 学士学位毕业
- 有一个稳定的女朋友
- 在北纽约州长大，目前居住于帕洛阿尔托

人生收获：
- 有许多未来的可能性

人生痛点：
- 不了解自己的能力且目前没有对未来的期待

待完成的工作：
- 为他的职业前景作出规划

史蒂夫仍处于职业生涯的初始阶段：他刚刚获得管理科学和工程学学士学位，但是还没有决定自己要做什么；在校期间，他对管理课题的兴趣更大。他特别喜欢在斯坦福大学哈索·普拉特纳设计学院（d.school）进行的为期一周的新兵训练营，在那里可以使用"商业生态系统设计"解决真实问题，除技术外，训练营聚焦于如何理解复杂的商业模式作出匹配客户价值的设计。

总的来说，史蒂夫喜欢团队协作，也有强烈的好奇心，喜欢尝试一些新的想法；而他的大多数同学都比较内向，并且更愿意在完成硕士学位之后继续深化IT技能。史蒂夫觉得自己现在选择的道路更像是一种负担，他越来越怀疑自己是否应该马上学习管理科学或跨文化交流，虽然这可能更适合他的个性。

此时，一个初创公司的机会出现了。但是，创始团队主要是寻找机器学习专家来实现设想的解决方案。当史蒂夫认真考虑这件事时，发现他并不想每天都做编程。

> **我们的职业通常在我们的能力和社会需求相交的点上。**

史蒂夫必须在接下来的四周内做出决定。他仍然相当迷茫，而这种停摆状态也映射在他脑海中。他常常难以入眠，彷徨于自己的处境，焦虑他的未来。此外，他与女友的关系也处于危机之中：她难以理解他对现状的不满足。史蒂夫的大学每学期提供"人生设计思维"课程。史蒂夫希望参加这样的课程，并使用相关工具改变自己的处境，以打破僵局，再次行动。

我们的程序模型

通往职业道路的旅程始于对自身更多的了解，发现人生中什么是最重要的事情。在开始时，我们将对某些工作提出假设，以自我效能感开始主动行动，最终发现我们的职业未来在哪里。

人生设计思维——职业探索框架

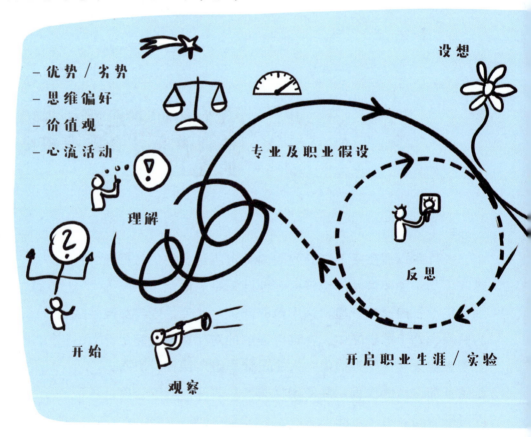

协同测试和不同路径的比较是有意义的。我们经常在测试一项活动或与他人一起反思时提出全新的想法。同样重要的是，不断迭代，朝着我们期望的职业发展方向并改变或舍弃那些在实验中不如预期的设计。

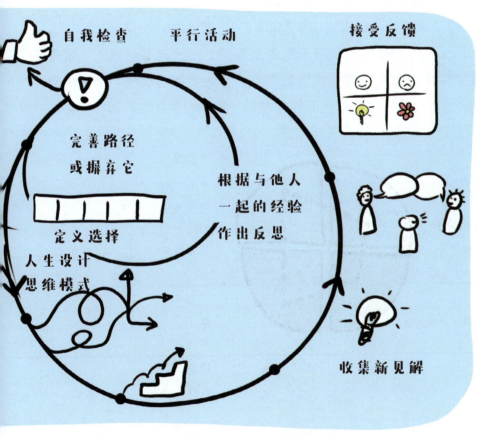

设 计

我们了解我们的能力、价值观和环境激励因素吗?

在我们的职业生涯中,更多地了解我们的能力是非常重要的。像 HBDI 之类的方法可以帮助我们找出我们的思维偏好。

HBDI(Herrmann Brain Dominance Instrument,赫尔曼大脑优势量表)模型将我们的大脑分为四个生理区域。该模型不仅包含左右模式,还包含大脑和边缘模式。四个象限使我们能够区分几种思维模式。一方面,认知和智力模式可以追溯到大脑半球;另一方面,我们还能发现描述边缘偏好的结构化模式和情感模式。在大多数情况下,即使没有测试,我们也可以迅速定位自己所属的象限,从而确定我们的思维偏好。

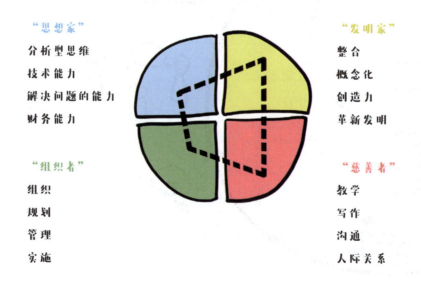

"思想家"
分析型思维
技术能力
解决问题的能力
财务能力

"发明家"
整合
概念化
创造力
革新发明

"组织者"
组织
规划
管理
实施

"慈善者"
教学
写作
沟通
人际关系

以下基于 HBDI 模型的清单是一个确定偏好的优秀工具。我们在不同象限中选择的词条数量,揭示了我们思维模式所属的象限。

史蒂夫选择的内容

☒ 收集事实 ☐ 理性分析情况 ☐ 符合逻辑地解决问题 ☐ 理性辩论 ☐ 依赖数字和价值 ☒ 理解技术联系 ☐ 将经济层面纳入考量	☒ 大局观 ☐ 包容不确定性和无法测量性 ☒ 识别机会及可能性 ☒ 直观地解决问题 ☒ 整合解决方案和理念 ☒ 质疑已知和确定的事物 ☐ 有想象力且有远见
☐ 务实地解决问题 ☐ 发现隐藏的问题 ☒ 正在行动且坚持 ☒ 监控和细节管理 ☐ 制订详细计划 ☐ 注意行程和日程表 ☐ 阅读细则	☒ 识别人际问题 ☒ 感受他人的反应 ☒ 尊重道德价值观 ☐ 热情结识他人 ☐ 热情地感染他人 ☒ 对肢体语言作出反应 ☒ 依靠直觉

史蒂夫的思维偏好在模型的黄色和红色区域。如果他在开始学习之前就意识到这一点，他可能会选择另一个更适合他的学科。

史蒂夫思维偏好的可视化

您的思维偏好处于什么位置？勾选下列选项，为您提供一些线索。

- ☐ 收集事实
- ☐ 理性分析情况
- ☐ 符合逻辑地解决问题
- ☐ 理性辩论
- ☐ 依赖数字和价值
- ☐ 理解技术联系
- ☐ 将经济层面纳入考量

- ☐ 大局观
- ☐ 包容不确定性和无法测量性
- ☐ 识别机会及可能性
- ☐ 直观地解决问题
- ☐ 整合解决方案和理念
- ☐ 质疑已知和确定的事物
- ☐ 有想象力且有远见

- ☐ 务实地解决问题
- ☐ 发现隐藏的问题
- ☐ 正在行动且坚持
- ☐ 监控和细节管理
- ☐ 制订详细计划
- ☐ 注意行程和日程表
- ☐ 阅读细则

- ☐ 识别人际问题
- ☐ 感受他人的反应
- ☐ 尊重道德价值观
- ☐ 热情结识他人
- ☐ 热情洋溢地感染他人
- ☐ 对肢体语言作出反应
- ☐ 依靠直觉

您的个人档案看起来如何？
使用以上测试，并绘制您的HBDI档案。

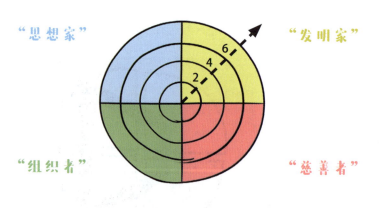

"思想家"　　"发明家"

"组织者"　　"慈善者"

力量 = 天赋 ×（知识 + 能力）

审视这些强烈的表现，问问自己怎样才能有效地运用它们。

审视自己身上那些突出的表现，思考如何能有效地利用它们。您思维方式偏好（例如，"发明家""慈善家"或者是"思想家"）

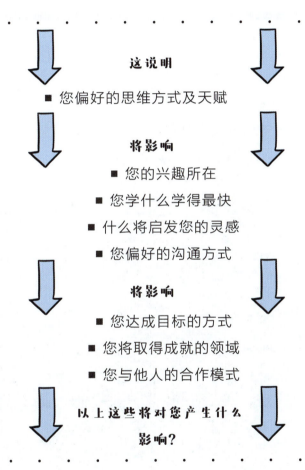

这说明
- 您偏好的思维方式及天赋

将影响
- 您的兴趣所在
- 您学什么学得最快
- 什么将启发您的灵感
- 您偏好的沟通方式

将影响
- 您达成目标的方式
- 您将取得成就的领域
- 您与他人的合作模式

以上这些将对您产生什么影响？

哪种价值观对我们来说很重要？

价值观等其他因素在我们选择合适的专业和职业时也发挥着重要作用。接下来的练习将帮助我们反思那些对我们人生非常重要的价值观和点子。

我们既可以创建自己的价值集合，也可以将以下列表用于价值金字塔，使其变得更简单。我们（从60多个关键字中）选择10个对我们最重要的价值观，并通过将其分级填入金字塔来确定优先级。在这项反思练习中，我们将有意识地建立一个优先级序列。

认可	职责	美学	外貌
自主	重要性	职业	变得更好
迁移/改变	人际关系	归属感	荣誉
诚实	财产	个人责任	影响力
放松	发展	成功	营养
自由	公平	家庭	身材
领导力	愉悦	友谊	平静
情感	同理心	全面性	安全感
信仰	平等	正义	健康
理想主义	幽默	和谐	直觉
创造力	性感	孩子	活动
爱	艺术	人生水准	业绩
冥想	忠诚	快乐	权力
勇气	同情	好奇心	音乐
规矩	思考	政治	开放性
旅行	伙伴关系	宁静	财富
自我实现	浪漫	安全与保护	自我满足
团结	自尊心	储蓄	追求意义
自发性	令人兴奋	状态	灵性
环境	运动	信任	梦想
知识	独立性	富裕	真相

将那些对您特别重要的价值观写入金字塔中。从最重要的价值选项开始。

- 您对您的金字塔的感觉如何?
- 例如,您最看重的真的是财富吗?或者伙伴关系和友谊对您更重要?

在第二个金字塔中,可以再次对价值观进行排序。

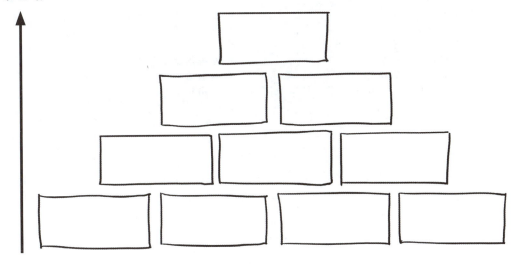

我们喜欢什么样的任务？哪些环境因素对我们很重要？

第二个反思探究我们最擅长的是哪些工作和任务。我们可以为这类自我反思创建自己的任务和环境因素集合，或者从提供的 30 多个关键词列表中选择 10 个词。我们可以将这些因素分类填入金字塔以判断它们的重要性。

- 可见的结果
- 选择的自由
- 挑战性
- 大型项目
- 独立行动
- 很少受到环境的控制
- 不需要关注细节的工作
- 明确目标
- 明确的规则
- 对变化的说明
- 认可绩效
- 明确的职位描述
- 提出问题的机会
- 需要精确性的任务
- 不受干扰的工作环境

- 多样性
- 享受人生的时间
- 充分的自由和宽容
- 灵活的条件
- 交流的可能性
- 公众认可
- 与人合作
- 友好、开放的氛围
- 安全和稳定
- 是时候适应变化了
- 在小型团队中工作
- 认可
- 明确地制定期望
- 和谐的环境
- 结构化工作

环境因素优先排序

将您觉得重要的激励性环境因素排列成为您的金字塔。

- 您对您的金字塔的感觉如何？
- 例如，明确的目标对您来说真的那么重要吗？还是友善的氛围更重要？

在第二个金字塔中，可以再次对环境因素进行排序。

克服假设

在动态变化过程中，除了我们的价值观和环境因素，"假设"也常常起着至关重要的作用。"假设"会影响我们人生的心智模式，例如：我们的行为方式、我们遵循的习惯或进入一段全新关系的模式。

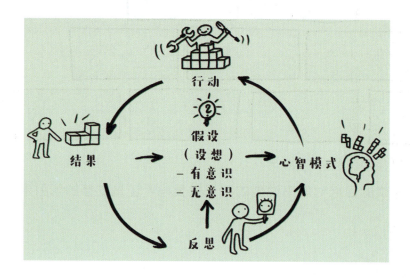

假如我们是因为不喜欢旧工作而换了新的工作，那么我们将对新工作的任务、与新同事的合作方式以及企业文化有非常具体的假设。当然，我们通常也会假设，境遇总会比目前的更好。但是，只有当我们实际任职时，才能知道这些假设是否成立。这同样适用在学习课程的选择上，或者如史蒂夫的案例——确定学士学位毕业后的下一步行动。一般来说，假设有时成立，但多数情况下并非如此。

挑战在于我们通常未察觉到这种假设的存在，从而未将其列入考量。它们根深蒂固地存在于我们脑中，因为它们曾经有效地运转过。换句话说，我们的正面经历误导了我们，让我们忽略了对假设的考量。我们经常将自己局限于一些设想，而忽略了许多本来同样重要甚至更重要的假设，它们就是我们常说的盲点。

我们人类通常会长时间坚持我们的（有意识或无意识）假设。重要的是要使自己意识到它们只是假设。根据经验，只有当这些假设被证明无效，即当我们陷入危机时，我们才开始质疑这些假设的有效性。

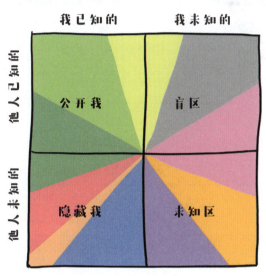

例如，就职业和学习而言，当出现职业倦怠，或者当我们的考试成绩越来越差时就可以感到这种危机。因此，我们必须不断反思并质疑我们的行动所依据的假设。我们要定期检查它们的有效性，因为人类体系中的假设需要一次又一次被重建。究其原因，是我们运转的环境和框架在不断变化。

如果我们在假设上固执己见，我们将被困在仓鼠轮上，直至屈服或筋疲力尽。

即使这些假设影响了自己的人生,您也很难去质疑它们,因为这需要不断地质疑迄今为止有效的假设。最终,您不得不放弃多年来愈发喜欢的习惯和心智模式。是时候给新事物腾出空间了。例如,对于史蒂夫而言,迄今为止有效的假设受到了他家庭的强烈影响。只有通过学习,他才能将自己的"思维方式"作为反思对象。现在是时候提出新的假设了。

提出假设

设计新假设的第一步是反思。您对自己价值观、思维偏好和激励性环境因素的第一次反思的结果,已经为您提供了重要的初步线索。您还可以考虑各个方面的因素。例如,您可能会问自己:

在校、培训和自我学习期间哪些科目您特别喜欢?

最近您与同事及朋友聊天时,您对哪些话题感兴趣?

您会把自己的空闲时间花在哪个话题上,以不断深入了解和精进?

有没有让您着迷的服务和产品?为什么您会感兴趣,您是否愿意了解更多关于这些服务是如何被创造出来的,以及谁在背后支持它们的信息?

第二步是根据您的兴趣制定两到三个陈述，从中选择您最喜欢的一个。例如，史蒂夫可能会写：

我喜欢通用经济学科和创新，我特别感兴趣的是新技术以及如何将它们融入未来的工作。

第三步是制定各种"我相信,我……"的表述。相较于许多其他形式的陈述,史蒂夫更偏向以下表述:

我想我希望在使用尖端技术或正在内部开发该技术的公司工作。

第四步是与您当前的状况、刚刚获得的见解，以及先前流行的假设进行比较。

您的"新世界观"如何适应现有系统？您的"个人世界"与新环境之间有何区别？

反思结果

我们对自己的技能、价值观和激励性环境因素的反思有助于在专业和职业规划上做出选择。

史蒂夫的技能、价值观和激励性环境因素

- 史蒂夫偏向右脑思维。例如，他能很好地与他人打交道，并且很有同理心。他也能凭直觉解决问题。

史蒂夫的 HBDI 档案

"思想家"　"发明家"
"组织者"　"慈善者"

- 在价值观方面，史蒂夫将"独立""生活水平""活动"和"归属感"放在金字塔顶端。
- 在反思环境因素时，史蒂夫特别重视"安全与稳定""明确的规则""友好开放的氛围"和"无须注重细节的工作"。

找到您的"最爱"，并感知它创造的可能性。

在技能、价值观、环境因素及现有假设与新假设的比较方面，您有哪些新见解？

职业路径设计

我们每个人都是不同的,因此我们的职业和职业道路也不同。俗话说:"条条大路通罗马。"毕竟,当我们对所做的事情感到满意时,事业才能成功。在设计职业道路时,我们要想象、测试和思考尽可能多的道路。这个迭代可以帮助我们更好地作出选择,从而为改变创造空间或确认我们当前正在做的事情是对的。

为职业生涯规划创造可选项

根据我们的经验,在职业规划方面通常存在两种典型情况。我们要么处于真空状态,通常不知道在职业或专业方面该做什么;要么我们领先一步,面对很多选项,不知道应该选择哪个。如果您有具体的可选项,可以直接跳转到第 202 页。但是,我们建议您将这两种情景下的练习都尝试一遍,也许会带来超出想象的新见解。

不要只制订一个职业规划,而要考虑许多不同的版本。即使您已经走上一条道路,考虑不同的选择对您的发展也很有价值。

对于第一种情况,即当我们对接下来发生的事毫无头绪时,我们可以设计三个专业和职业规划。它们具有以下特征:

1. 继续您当前或多或少满意的职业:"继续沿着您已经在追求的道路前进。"

2. 请摆脱当前职位的影响,设计一个新的职业:"您需要提出一个 B 计划。"

3. 设计一种不受金钱和地位影响的人生:"您可以只做自己喜欢做的事。"

史蒂夫发现以下三种思考令人兴奋:"继续同以前一样";"如果当前道路不再存在将会发生什么";仅做想做的事。基于这三种思考,他制订了三个人生计划。三个计划的起点都是获得管理科学与工程学学士学位。

 ## 史蒂夫的人生计划:"继续学习"

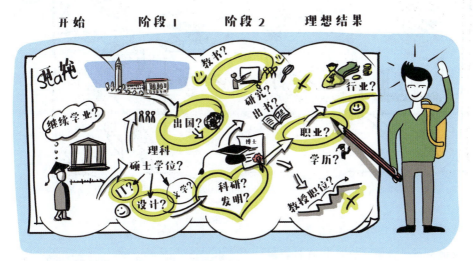

这个人生计划回应了什么需求?
- 这是我想象中的研究吗?
- 我应该继续学习商业信息系统还是学习其他内容?
- 我想在工业领域工作,还是想留校工作?

这个人生计划还未回答什么问题?
- 修习理科硕士学位是个不错的想法,但我不喜欢。
- 一个崭新的环境和一个陌生的国家对我来说很有诱惑力。
- 我现在无法想象在大学里工作是什么样的。

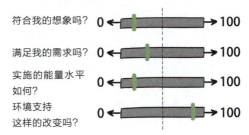

193

史蒂夫的人生计划："学习不算一个选择"

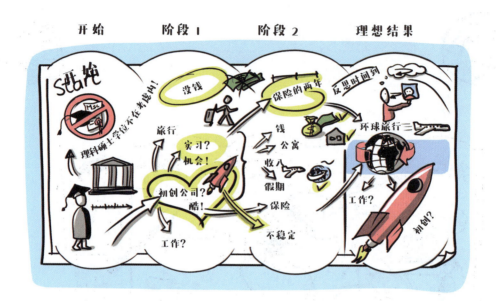

开始　　　　阶段 1　　　　阶段 2　　　　理想结果

这个人生计划回应了什么需求？
- 在初创公司中没有工作经验的我能创造价值吗？
- 见习计划是一个好选择吗？
- 在此之后，我会有更多的选择吗？

这个人生计划还未回答什么问题？
- 在初创公司工作听上去很"酷"，但是不确定性高。
- 实习能给我了解一家公司不同领域的机会；而且最多需要一年。
- 不知为何，这个广阔的世界诱惑着我，长途旅行是我的梦想。但为了这个梦想，我必须先存钱。

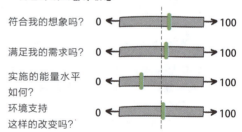

人生计划的整体状态

符合我的想象吗？　0 ←——■——→ 100
满足我的需求吗？　0 ←——■——→ 100
实施的能量水平如何？　0 ←—■———→ 100
环境支持这样的改变吗？　0 ←——■——→ 100

史蒂夫的人生计划："只做您喜欢做的事情"

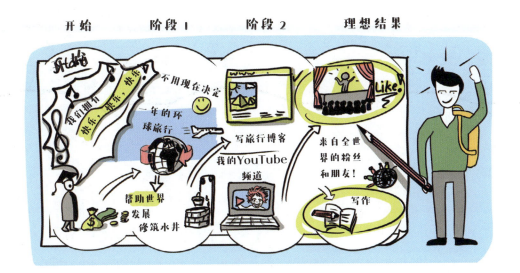

这个人生计划回应了什么需求？
- 长时间的环游世界真的是我想要的吗？
- 我该如何寻找我能帮上忙的项目？
- 成名与我的想象和我的个性相符吗？

这个人生计划还未回答什么问题？
- 马上抛下一切去环球旅行听上去很棒，但我不确定我有这样的勇气。
- 以某种方式提供帮助并寻找到创造性解决方案，这个概念让我感到开心。
- 实际上我并不想出名。顶多想让我的前女友知道我现在"很受追捧。"

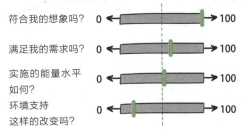

如果您什么都不改变,您的职业生涯会怎样?

人生计划 1: ....

开始　　　　　　　阶段 1　　　　　　　阶段 2

这个人生计划回应了什么需求?
....
....
....

这个人生计划还未回答什么问题?
....
....
....

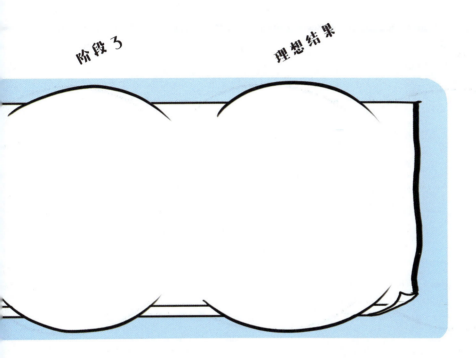

阶段 3　　　　　理想结果

人生计划的整体状态

符合我的想象吗?　　0 ←——→ 100

满足我的需求吗?　　0 ←——→ 100

实施的能量水平如何?　0 ←——→ 100

环境支持
这样的改变吗?　　　0 ←——→ 100

如果现在的职位不再存在您会怎么做?

人生计划 2: ⋯⋯⋯⋯⋯⋯⋯⋯⋯⋯⋯⋯⋯⋯⋯⋯⋯⋯⋯⋯⋯

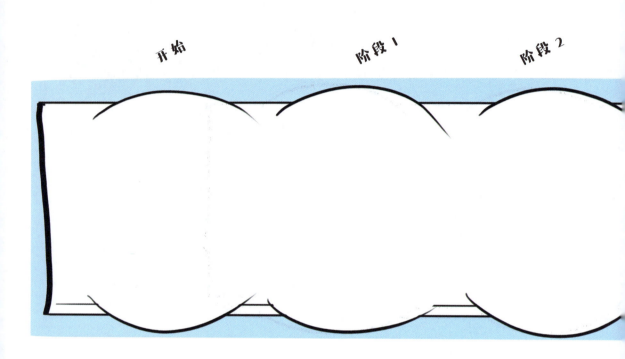

这个人生计划回应了什么需求?
⋯⋯

这个人生计划还未回答什么问题?
⋯⋯

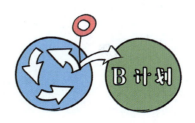

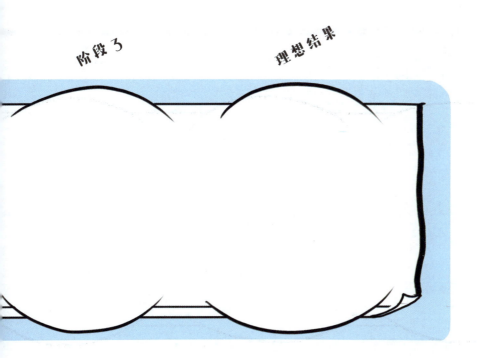

阶段 3　　　　　　　　　　理想结果

人生计划的整体状态

符合我的想象吗？　　0 ←▬▬▬▬▬→ 100

满足我的需求吗？　　0 ←▬▬▬▬▬→ 100

实施的能量水平如何？　0 ←▬▬▬▬▬→ 100

环境支持
这样的改变吗？　　　0 ←▬▬▬▬▬→ 100

如果钱和地位不再重要，您的职业和境遇会变得如何？

人生计划 3: . . . .

开始　　　　　　　　　阶段 1　　　　　　　　阶段 2

这个人生计划回应了什么需求？
. . . .
. . . .
. . . .

这个人生计划还未回答什么问题？
. . . .
. . . .
. . . .

阶段 3 　　　　　　　　理想结果

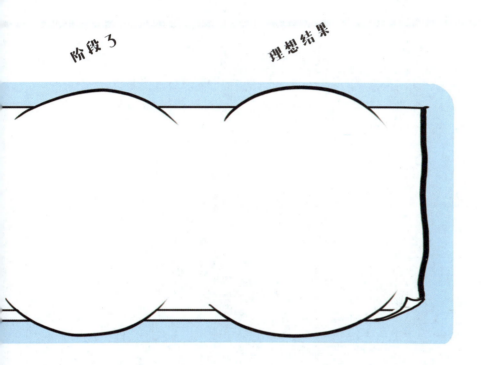

人生计划的整体状态

符合我的想象吗？　　0 ←——————→ 100

满足我的需求吗？　　0 ←——————→ 100

实施的能量水平如何？ 0 ←——————→ 100

环境支持
这样的改变吗？　　　0 ←——————→ 100

评估、测试及实施选项

做出正确的选择，说起来容易、做起来难。尽管我们知道总有很多种可能性，但我们发现很难离开现有道路，走上一个全新的方向，因为我们已经习惯在舒适区待着，或者总认为每天转动的仓鼠轮最终会把我们带到幸福快乐的地方。如果我们在之前的人生设计思维流程中获得了新见解，那么现在正是作出改变的时机。

专注于哪个选项？

在设计思维中，合适的解决方案是基于这三个维度的交叉点演化出来的：用户的需求（愿望）、有利的（可行）解决方案和可行性。

由此可得出专业和职业规划的三个核心问题：
1. 您想做什么？
2. 您有哪些技能？
3. 哪些技能是市场所渴求的？

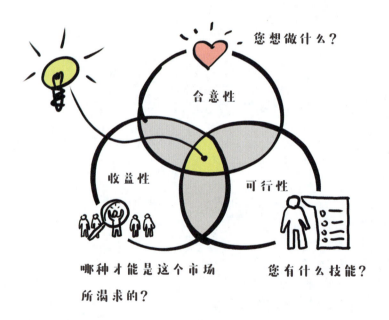

为什么这三个维度很重要？
- 它们可以降低您在职业生涯中作出错误选择的风险。
- 它们可以帮助您更快地找到真正想做的事情。
- 它们打开了新的视角和机会。

到目前为止，我们在职业规划的设计中忽略了收益性，主要关注的是合意性和可行性。

在"人生设计思维"中，后两个特性对我们来说是最重要的，因为我们确信，只有追求一份能给我们带来快乐的事业，我们才能成功。所以我们说的成功职业不是基于年收入定义的，而是能做一些我们感到自豪、被认可、觉得有意义的事情。换句话说，以上都是在回答这个问题：我们做这些是为了什么？

盈利能力是专业和职业规划的一部分，我们应该分析哪些行业、公司和任务将在未来继续存在。这些预测可以从统计数据、预见和趋势论文中了解到。此外，随着数字化和自动化程度的提高，有些职业迟早会消失，同时，也有无数新的领域会出现，并提供新的机会。通常，一个特定职业所需要的内容和技能也会随之发生变化。

所以，如果您想在就业市场上保持竞争力，您就必须不断地进行培训，以满足不断变化的要求。

我们想借此机会提醒您，人生的各个领域是相互关联的。在《人生设计思维手册》的第一部分，我们将这个系统描述为一个移动设备。事业是这个系统的一部分，只有平衡了各个部分，我们才能拥有充实的人生。以下几页，我们提供了简化选项的技术和策略。

==在与事业有关的人生设计思维系统中，它注重的是您自己的需求、技能，以及才能与劳动力市场的需求匹配性。==

选择点子及概念

许多点子和概念都很好,但它们数量众多,从中作出选择往往是困难的。为了从合意性、可行性和收益性三个角度来反思您的职业规划,下面的问题可能会对您有所帮助。

职业规划	1	2	3
1) 合意性:哪个计划在自我审视仪表盘上表现最好?			
2) 可行性:哪个计划最符合您的技能、价值观和环境因素?			
3) 收益性:就工作和薪酬而言,哪个计划最有保障?			
哪个计划或计划的哪些部分令人兴奋、感觉很酷并且应该被测试?			

笔记:

四分法

在评估职业规划时,我们注意到在两个选项中作出选择并不容易。例如,在学习一门课程时,是选择工商管理还是信息技术;或者在职业生涯的下一个阶段,是选择高薪还是更加自由的时间。

例如,在第192页及后续几页中,在我们制订专业和职业规划时,选项一是继续当前路径,选项二是设计一个全新的职业,选项三是我们可以单纯地只做喜欢做的事。

尽管我们在随后的评估中试图采取一种非此即彼的态度。然而,如果没有一个选项令我们信服,那么可以采取"四分法",进一步寻找"此外"的可能性和新的考虑因素。根据我们的经验,通常会基于上述三个已定义选项找到"此外"的解决方案。例如,在"更自由的时间还是高薪"的选择困境之外可能会找到收入相同但工作量只有90%(相较之前)的方案。

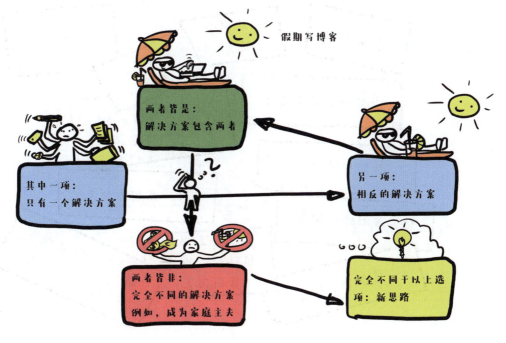

我们如何测试职业规划的定义及组合？

为了测试可能性和想法，我们在第134页及后续几页展示了各种流程。为了在合适的环境下测试您的职业规划，在这个步骤中使用头脑风暴或头脑书写是很有意义的。有时家庭成员和朋友会有好的想法可以帮助进行头脑风暴，那么为什么不寻求支持呢？

史蒂夫的头脑风暴

史蒂夫的第一次头脑风暴练习是测试他的职业规划潜在机会，以及符合职业规划的潜在公司、组织和行业。在头脑风暴之后，他选择了最好的想法并创建了一个行动清单，这是他探索机会所必需做的。

谁？什么？哪里？什么时候？

史蒂夫做了一个行动清单。
他尽可能具体的制订计划。

1. 最好是下周我哥哥去纽约参加家庭庆祝活动时，和他谈谈并陪他去康奈尔大学待一两天。
2. 去一家科技初创公司实习……
3. ……
4. ……

测试职业规划的头脑风暴

有哪些可能性来测试您的职业规划？
哪些职位、公司、组织和行业符合这个职业规划？
最后，创建一个列表以确定与谁一起测试？测试什么？以及何时测试？

测试职业规划的头脑风暴

做一个行动清单（写清楚谁、做什么、什么时候、在哪里。）

谁	做什么	什么时候	在哪里
			☐
			☐
			☐
			☐
			☐

测试选项

到目前为止，我们像史蒂夫一样，只是根据我们的技能、价值观和各种工具来评估我们的选择。

现在是时候测试我们的想法，看看我们的感受，并找到方法达到我们理想的人生状态了。

==我们对自己的职业规划进行实验以得到问题的答案，我们收集经验并验证假设。==

史蒂夫对博士学位、创业公司或实习机会这三个选项的测试方法。

史蒂夫的情况描述：

我和哥哥在大学里待了两天。第一天，有一个内部会议，大家分成几个小组讨论议题。我非常喜欢这些讨论，也很喜欢大学同事之间的互动。

第二天，我体验了我哥哥的日常工作。他完成了一节辅导课、做了一堂讲座，下午与各种各样的专家委员一起参加非常无聊的会议。这一天对我来说就像半个世纪那么久，当我能在下午6点和哥哥一起离开学校时，我非常高兴。

他的结论：相当无聊

> 我也获得了在一家初创公司工作两天的机会。第一天，我被允许会见 CEO，但他的时间并不充裕。他给我作了简短的介绍并开通了软件资源库的权限，然后就让我靠自己了。同事们几乎没有时间回答我的问题，当我想要一份指导手册时，我意识到公司的一切都有些混乱。

他的结论：几乎没有组织系统

史蒂夫和他哥哥度过的第一天非常令人兴奋。但第二天，他无聊到快疯了。与公司创始人的互动也让史蒂夫发现：他们有很多事情要做，公司没有什么组织系统。通常，史蒂夫都是独自面对自己的难题和疑惑。

> **史蒂夫的情况描述：**
>
> 在一次生日聚会上，我和朋友们谈起了人生设计，说我在考虑是继续学业还是工作。在我的一位女性朋友看来，这种情景与她的见习计划很相似。

他的结论：不错的选择

史蒂夫与一位朋友的谈话，让他对如何开始职业生涯有了另一个有趣的看法。她在圣克拉拉的苹果公司实习了 12 个月。在软件工程实习项目中，她可以运用并体验她的批判性思维能力、解决问题的能力和快速并有目的地与各团队合作的能力。通过与多个部门的跨学科合作，她还体验了设计师、营销专家和产品经理工作。

==我们希望测试我们的选项，以便获得更多的新见解。只有这样，我们才能更多地了解我们所期望的未来。此外，自我审视在我们的"旅程"中至关重要。==

收集并分析见解

通过参与式观察、访谈、实习和小型探索性项目,您可以获得可以被记录下来的见解。典型问题有:

感觉如何?

什么让您高兴或生气?

您更喜欢哪种职业规划或不同规划的组合?

其他人在这种情况下是怎么做的?

关注和实施

是时候对我们的职业生涯或个人阶段计划作出选择并迈出实施的第一步了。

我们退一步从远处考虑我们的自我审视、选择和实验的结果。这是判断哪种解决方案正确的最好方法。

对于实施,我们建议您花一些时间,迈出最初的一小步,然后逐步实现。愿景、计划和待办事项列表是有效的导航工具,但更重要的是开始行动。根据我们的经验,最好在一开始先完成一些小的步骤,庆祝我们的成功,从而逐渐启动大变革。

此外,我们经常希望立刻同时完成很多任务。还不知道要去哪儿我们就开始跑了,让我们误以为快速行动才是解决问题的关键,而实际上思考、行动和反思才是成功应用"人生设计思维"模式的三个重要原则。

从内部看,仓鼠轮就像职业阶梯。

新道路的第一阶段

与此同时，您也在练习如何将自己的能量引导到积极的事情上。这就是为什么您现在应该把大量的精力和承诺投入到新道路的第一阶段。在这一点上，您不再需要我们的新方法了。您只需要简单地行动，您投入时间这样做并享受着它。并且您还会经常质疑您的假设。

- 您首先要做什么？
- 谁能帮助您？
- 您想什么时候开始实施这个阶段？

最后的问题：史蒂夫怎么样了？

史蒂夫必须做出更重大的决定。获得学士学位后，他有几个选择。一方面，他可以获得硕士学位，然后像他哥哥一样攻读博士学位，不过基于他的观察结论，他并不愿走上这条道路。在他哥哥攻读博士学位期间，他的哥哥和妻子玛伦以及他们的小女儿住在父母家的阁楼里。当时哥哥手头紧，除了研究工作之外，他还经常在大学里工作好几个小时准备讲座。玛伦和亚历克斯已经重新考虑他们的计划，准备搬到代表"自由和独立"的特拉华州。威尔明顿港不像新加坡那样令人印象深刻，但提供了许多未被破坏的自然环境，并且只需要45分钟就可以到达费城，这为玛伦提供了良好的购物环境。在他和哥哥一起度过的两天里，史蒂夫有一些积极愉悦的经历，但学术界也有一些很无聊的东西。对他来说，这个初创公司的想法听起来非常令人兴奋，但史蒂夫对自己能否作出什么贡献持保留态度。到目前为止，除了在一个童子军夏令营担任协调员的暑期工作，他没有任何工作经验。

心理超负荷

在与公司创始人的交谈中,他发现他们中很多人的年龄在 30 岁到 40 岁之间,在创立一家成功的公司之前,往往已经有了一两段创业失败的经历。

史蒂夫的一个朋友令他产生了去硅谷科技巨头参加为期 12 个月实习项目的想法。在该项目中,史蒂夫将有机会体验三个不同的部门。他对这份工作特别感兴趣,因为这将使他有机会通过深入了解公司的不同部门,确定自己真正喜欢的是什么。

此外,他也将获得更多时间来考虑是否攻读硕士学位。实习结束后,一切选择仍然向他开放:继续学习、加入初创公司或者正式开启他的职业生涯。

史蒂夫在使用人生设计思维之前是迷茫的。对他来说,重要的是找出自己的优势和短板、行动和思维偏好以及自己的爱好。明年,他将在实习期间测试这些新的假设!

关于选项的
反思问题清单

重大的变化会产生影响。为了脱离仓鼠轮,我们通常必须从根本上调整结构、流程和规则。在第二部分的最后,我们将给出8个问题,让您对自己的选择进行思考,这些问题的答案将显示您是否准备好开始工作,不仅是系统中的工作,还包括对系统之上的工作准备。如果您仍然对自己心仪的选择存疑虑,可以重新考虑个人陈述或重新思考您的职业道路。

依据对某个选项进行反思作出决定

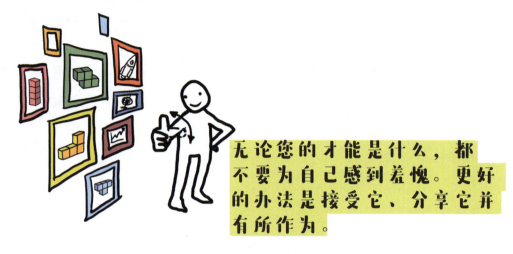

无论您的才能是什么,都不要为自己感到羞愧。更好的办法是接受它、分享它并有所作为。

1)您知道自己想要通过改变实现的目标,以及这些改变将影响的人生领域。

是的　　偶尔　　尚未

2)您对是什么导致了最近一次重大改变的成功或失败,并将这些见解运用到您当前的处境中。

是的　　偶尔　　尚未

3)您已经意识到谁会受到新状况的影响,您知道改变的支持者和反对者?

是的　　偶尔　　尚未

4）当您选定了某个选项时，您知道您必须放弃什么，也知道您应该放弃什么。您已经准备好接受这种牺牲，每一次改变都会伴随着牺牲。

5）您知道为了达到目标下一步需要做什么。

6）您知道谁会支持您，并且确定了有类似经历的人可以向您提供建议。

7）您已经在脑海中想象过，当您回首往事，您会如何看待这2～5年的变化。

8）当您用这样的反思产生答案，并检验您所确定的选项后，您是否依然坚持您的决定？

最后但也是最重要的是
——旅程的结束才是
真正的开始

人生设计思维模式有助于我们进行自我改变,但它也是改变组织、公司和其他系统的基础。自我效能感和自我认知不仅是实现梦想的关键,也是将人生掌握在自己手上并让其主动地按照自己的想法行进的关键。在这个手册的最后,我们想再次鼓励您把对改变的设计看作持续进行的事,最终获得更多的幸福。回顾前文提到的所有思维规则,我们发现——人生设计思维技术和策略让我们意识到我们自己在书写人生的剧本,我们总是可以——在每个特定时刻——重写它、改变它。

我们已经到了《人生设计思维手册》这本书的最后几页。事实上，我们不妨从第一页重新开始，因为我们的人生在一个螺旋式发展中不断运动，新的问题将在人生的不同阶段一次又一次出现。此外，如果我们定期审视当下所处的位置，会对我们的幸福感和自我效能感产生积极的影响。

通过《人生设计思维手册》，我们认识到人生中有些情况是必须接受的，有些问题是可以积极解决的。有时，从不同的角度（重构）看待问题也会有所帮助，有利于我们用不同的方式更好地处理问题，或者更好地接受问题。关于自我认知和他人对我们言行的看法，给了我们作出改变的重要激励。最重要的是我们的思维模式（我们的态度），以及伴随我们改变的策略和技术。

在"人生设计思维"的范例中，测试原型和概念以及持续迭代是非常重要的，这样我们才能最终开创新的天地。离开舒适区的能力也是可以学习的。如果我们把这个理念应用到自己身上，我们就已经准备好在日常工作中、团队转型中或在组织和公司中，有效地使用这个思维模式获得成功。成功的人以一种具有自我效能感的方式书写自己的人生剧本！

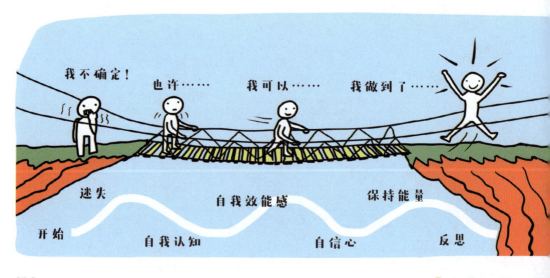

以下思维规则有助于每天激励我们自己去设计改变、保持自我效能感并增加我们的幸福感：

- 思考那些无法想象的事情——"跳出框架思考。"
- **区分（必须面对的）事实和可解决的问题**。一个好问题的定义是设计改变的最佳起点。
- **反思别人对您的看法**。这意味着您可能不得不驳回自己的假设，重新定位自己。
- 改变总是从**您自己**开始。让别人为您的处境负责在短期内有利于您的心理健康，但它不能促使您采取行动。
- **尝试新的人生理念**，敢于把自己推向极限——只有这样，您才能在某一时刻超越这些极限。
- 有一个**伟大的愿景**，并在**每一小步**行动中调整和实现它。
- 改变总是伴随着**阻力**，知道谁支持您、谁阻碍您，可以帮助您决定下一步行动。
- 最后但同样重要的是：每件事的发生常常都与您想象的不同，这就是为什么人生设计是一项**持续进行的任务**，在任务过程中您可以随时调整新的方向。

只有接受昨天和今天的人，才能自由地设计自己的明天。

只有学会放下的人才能把握未来。

人生设计思维运用

人生设计思维的心智模式能在不同人生阶段帮助人们。在本书的最后,我们将从人生设计思维工作坊中挑选一些图片来给您灵感和启发。体验人生设计思维在线课程或与他人一起讨论,将是非常棒的体验。

范例:

面向学生和专业人士的人生设计思维工作坊

人生设计思维是基于《设计思维手册》的思维模式创作的。

每次改变都需要一个目标……

……以及通过不同阶段达到目标的方法。

如果您能整天做您喜欢的事情呢?

范例：

人生设计思维／设计您的未来在线课程

范例：

针对职业规划的人生设计思维工作坊

范例：

为专业人士、管理人员和高管提供的人生设计思维培训

229